하버마스의 『의사소통 행위 이론』 읽기

세창명저산책_094

하버마스의 『의사소통 행위 이론』 읽기

초판 1쇄 인쇄 2022년 6월 21일
초판 1쇄 발행 2022년 6월 30일
—

지은이 하상복
펴낸이 이방원
기획위원 원당희
편 집 정조연·김명희·안효희·정우경·송원빈·박은창
디자인 손경화·박혜옥·양혜진   **마케팅** 최성수·김 준·조성규
—

펴낸곳 세창미디어

신고번호 제2013-000003호   주소 03736 서울시 서대문구 경기대로 58 경기빌딩 602호

전화 723-8660   팩스 720-4579   이메일 edit@sechangpub.co.kr   홈페이지 http://www.sechangpub.co.kr

블로그 blog.naver.com/scpc1992   페이스북 fb.me/Sechangofficial   인스타그램 @sechang_official
—

ISBN 978-89-5586-719-0   02160

ⓒ 하상복, 2022

이미지 출처: https://flickr.com/photos/europapont/14277269236/in/album-72157644955839803//(Author: Európa Pont)

Jürgen
HABERMAS

세창명저산책_094

하상복 지음

하버마스의 『의사소통 행위 이론』 읽기

세창미디어
MEDIA

　1960년대 후반 유럽에는 '68'이라는 혁명적 파도가 몰아칩니다. 학생과 노동자와 진보적 시민의 연대는 당대 유럽의 질서를 총체적으로 부정했습니다. 자본주의가, 교육 체제가, 위계적인 사회 질서가 부정되었습니다. 그리고 그들은 폐쇄된 공장에서, 문 닫힌 학교에서, 혼돈의 거리에서 자유와 해방과 평등과 연대의 새로운 유토피아를 열망했습니다. 하지만 그들에 맞선 기성세대는 전쟁의 폐허를 딛고 이룩해 낸 성장과 풍요가 왜 부정되어야 하는지 이해할 수 없었습니다. 실업이 사라지고, 소비가 보편화되고, 복지의 이름으로 많은 사람이 사회 경제적 안정을 누릴 수 있는 사회가 왜 공격의 대상이 되어야 하는지, 그들은 받아들이기 어려웠습니다. 그리하여 그들은 68의 주체들을 비이성적인 열정에 사로잡힌 대안 없는 존재로 규정하려 했습니다.

그러나 68은 세대 갈등이라든가, 보수와 진보의 정치적 대립으로 환원될 사건이 아닙니다. 그것은 혁명의 땅 유럽에 다시 불어닥친, 유럽의 근대성, 즉 모더니티modernity에 대한 총체적 사유와 논쟁의 계기이고 무대였습니다. '유럽은 여전히 자유로운가', '평등한가', '민주주의는 잘 작동하고 있는가', 그리고 '유럽의 자본주의는 모두를 행복하게 하는가'와 같은 근본적 물음들을 던지고 논쟁의 불을 지핀 시간이었습니다. 유럽의 근대가 만들어 낸, 그리고 스스로 찬미해 마지않는 보편적 제도이고 가치인 자유, 평등, 민주주의, 자본주의가 1960년대 후반에 이르러 비판과 공격과 부정의 대상이 된 것입니다.

당대 유럽의 어느 지식인도 68로부터 자유로울 수 없었습니다. 한 발 떨어져 관찰하면서, 또는 적극적으로 지지를 보내면서, 아니면 거리에서 함께 소리치면서, 맞서 싸우면서, 각자의 방식대로 지식인들은 68이 제기한 유럽의 근대정신과 그 결과물에 대해 성찰해야 했습니다.

하버마스 또한 예외일 수 없었습니다. 아니 어쩌면 하버마스야말로 68의 중심에 서 있었다고 해야 할지도 모릅니다. 지적 의지와 열정으로 가득 찬 소장 철학자 하버마스는 68을 이끌던 독일의 급진주의 대학생들과 격돌합니다. 그가 한 토론회에서 학생들의 이념을 좌파 파시즘으로 비판한 것에서 시작된 싸움이었습니다. 학생들은 캠퍼스 점거로 하버마스를 공격했고, 하버마스는 프랑크푸르트대학 교수직을 사임하는 것으로 대응했습니다. 그는 연구소로 자리를 옮겨, 자신의 인생을 바꿔 놓은 68과 유럽의 근대성에 대한 넓고 깊은 사유를 진행합니다.

유럽의 근대성에 대한 그의 관점은 독특합니다. 유럽의 근대가 이미 생명을 다했다고 주장하며 탈근대post-modern로서 유럽의 길을 제시한 지식인들과도 달랐고, 유럽의 근대가 탄생시킨 민주주의와 자본주의가 여전히 유일한 희망이라는 믿음을 수호하던 지식인들과도 같지 않았습니다. 그는 유럽의 근대를 비판하면서 그 근대 속에서 희망과 미래를 보려 했습니다. 그것이 바로 하버마스 사회 철학이 시도하는 근대성 프로젝트입니다.

근대 유럽의 탄생을 이야기할 때 우리는 계몽주의와 이성을 빠트릴 수 없습니다. 계몽주의는 이성을 원리로 가장 이상적인 사회와 공동체를 만든다는 지적 실천이었습니다. 그 계몽주의를 통해 유럽의 근대가 만들어집니다. 계몽주의 이성은 무엇보다 의심하고 비판하는 의지이며 능력입니다. 현상을 그대로 받아들이지 않고 새롭게 보려는 힘입니다. 그 이성을 통해 근대 유럽은 신분제 질서를 포함해 당연한 것으로 간주되어 온 당대의 모든 제도와 규칙을 해체하고 보편적 인권의 사회를 이룩했습니다. 한편, 그 이성은 세계를 체계적으로 정돈하며 질서 있게 만드는 능력이기도 합니다. 수학에서 정수를 볼 수 있는 그 이성은 아마도 근대 유럽의 기술 발전과, 풍요와 성장을 만들어 낸 궁극적 동력이었다고 말할 수 있을 겁니다.

그렇다면 우리는 그 근대 이성의 양면성, 또는 두 얼굴을 보지 않을 수 없습니다. 이성은 자연적, 제도적 구속으로부터 인간을 해방한 원리이기도 하지만, 근대 유럽의 제국주의와 전쟁에서 볼 수 있듯이 폭력과 지배의 욕망이기도 하기 때문입니다. 전후 유럽 사회가 그 이성에 대한 부정적 평가와 해석들로 채워진 것도 그러한 연유입니다. 그 반이성주의는 유럽 지성계를 두텁게 둘러싸며 이성이 아닌 것, 욕망, 감성, 본능, 직관 등으로 새로운 사회를 만들기 위한 탈근대적 실험으로 이어

졌습니다.

　하버마스는 그러한 반근대주의, 반이성주의에 동의하지 않습니다. 유럽의 근대 이성은 결코 부정적인 결과만을 산출하지는 않았기 때문입니다. 인류의 위대한 가치인 자유, 평등, 인권, 민주주의, 해방 등은 모두 그 이성의 발명품이란 이야기입니다. 하지만 그렇다고 해서 근대 이성의 길을 동일하게 따라갈 수는 없습니다. 왜냐하면, 그 경로는, 68이 보여 주었듯이, 적지 않은 부정적 상황들을 만들어 냈기 때문입니다. 새로운 유럽을 만들어야 한다는 68의 시대적 명령 앞에서 하버마스는 자신의 기획을 이야기합니다. 하버마스는 '근대 이성을 비판적으로 사유할 것, 하지만 그 이성을 떠나거나 부정하지 말고 새롭게 사유하며 재구성할 것'으로 요약되는 자신의 프로젝트를 구축하려 합니다.

　하버마스의 후기 대작으로 불리는 『의사소통 행위 이론』은 그러한 문제의식이 응축된 시대적 기획의 구현물이라고 말할 수 있습니다. 하버마스는 이 책에서 서구 근대의 합리성을 비판적으로 사유하면서 새로운 합리성 원리를 탐색합니다. 그는 근대 주체의 개념을 넘어 상호 주체inter-subject의 개념으로 이동해 그 속에서 구현되는 합리성을 생각합니다. 대화와 소통의 주체들이 상호 이해를 통해 서로의 의견을 교환하고 공유함으로써 실천되는 의사소통 합리성입니다. 생활 세계를 무대로 전개되는 이 의사소통 합리성의 실천을 통해 하버마스는 서구 근대가 놓여 있던 혼란과 갈등과 아노미 상황을 해결할 이론적, 실천적 가능성을 모색합니다.

이 『의사소통 행위 이론』은 개념과 논의의 추상도가 높습니다. 뿐만 아니라 마르크스, 베버, 뒤르켐 등 고전 사회학자들을 포함해 미드, 오스틴, 파슨스, 호르크하이머, 아도르노, 루카치 등 많은 이론가가 등장합니다. 그 점에서 이 책을 읽어 내기가 결코 쉽지는 않습니다만, 우리는 이 방대한 저술을 통해 사상가로서의 하버마스가 자신이 살아가는 세계가 부딪힌 문제들을 얼마나 깊게 고민하고 풀어내고자 했던가를 인상적으로 만날 수 있을 겁니다.

이 해설서를 준비하고 마치는 데 예상보다 더 많은 시간이 지났습니다. 인내심으로 기다려 주신 세창미디어에, 특히 거친 원고를 꼼꼼히 다듬어 주신 정조연 선생님께 감사의 인사를 드립니다. 언제나 그렇듯, 든든한 학문적 조력자인 아내 나양과,

아빠의 일에 많은 힘과 격려를 아끼지 않는 딸 연재의 응원으로 이 작업을 마무리 지을 수 있었습니다. 고마움과 사랑을 전합니다.

2022년 봄
목포대 연구실에서

| 차례 |

1장
하버마스의 사회 철학과
『의사소통 행위 이론』

1977년, 프랑크푸르트시는 프랑크푸르트대학에서 가르쳤던 아도르노Theodor Adorno의 학문적 업적을 기리기 위해 철학, 연극, 음악, 영화 분야에서 탁월한 업적을 남긴 사람에게 3년마다 수여하는 아도르노상을 제정했다. 최초 수여자는 『문명화 과정』, 『궁정사회』를 집필한 사회학자 엘리아스Nobert Elias였고, 1980년에는 하버마스에게 수여되었다. 그렇게 보면 하버마스에게 아도르노는 각별한 스승일 터인데, 1965년, 호르크하이머 Max Horkheimer의 후임으로 프랑크푸르트대학 정교수에 취임할 때 아도르노의 강력한 지원을 받은 것에 이어 두 번째의 학문적 은혜인 셈이다. 하버마스는 아도르노상 수상 기념으로 "근

대성: 미완의 기획"이란 제목의 연설을 했다. 이 근대성은 자신의 스승인 아도르노와 호르크하이머가 문명의 원리라는 차원에서 평생의 연구 주제로 삼은 문제였다.

이 연설에서 하버마스는 1970년대 서구 사회에서 형성된 정치적 불만과 저항에 대한 신보수주의적 진단을 비판적으로 검토하고 있다. 하버마스는 미국의 지식인 스타인펠스Peter Steinfels의 주장을 인용하고 있는데, 스타인펠스는 당대의 정치적 불만과 행동을 "반대를 위한 반대의 정서로 간주될 일련의 저항"으로 규정하면서 "모더니즘/니힐리즘, 정부 규제/전체주의, 무기 구매 비판/공산주의에 대한 굴복, 여성 해방과 동성애 권리/가족 파괴, 좌파/테러리즘, 반유대주의, 파시즘" 사이를 왔다 갔다 하면서 자신들의 저항 논리를 만들어 내는 모순을 보인다고 진단했다. 하버마스에 따르면 신보수주의는 그러한 일관되지 못한 불만과 저항의 원인을 문화적 모더니즘cultural modernism에서 찾으려 한다. 가령, 근대 서구 사회에서 드러난 "쾌락주의, 사회적 정체성 결핍, 순종심 부족, 나르시시즘, 지위와 경쟁적 성취욕의 결여"(Habermas 1980, 7)와 같은 사회 심리적 현상들을 신보수주의자들은 문화의 문제로 환원하고 있다는 말이다. 이른바 포스트모던이라 불리는 저항적 신문화로 말미암아 정치적 태도와 행동의 비일관성이 초래되었다는 것이다. 하지만 하버마스는 문화란 언제나 간접적이고 매개적인 방식으로만 현상에 작용한다고 주장하면서 자신의 논의를 이어 간다.

이 문제의 원인에 대한 하버마스의 진단은 사뭇 다르다. 그는 당대 서구 근대 사회에서 보이고 있는 태도의 모순과 비일관성은 사회적 근대화social modernization라는 관점에서 설명되어야 한다고 강조한다. 여기서 그의 유명한 명제인 '생활 세계의 식민지화'가 등장한다. 하버마스는 자본주의 경제와 국가 행정으로 대표되는 체계 영역 내 기술 합리성 원리가 생활 세계로 확장해 일상적 삶의 소통적 토대를 침식하고 있는 현상 속에 문제의 근원적 원인이 놓여 있다고 주장하고 있다. 하버마스의 관점에 서면, 사람들은 자연, 도시 환경, 사회적 관계가 파괴되는 것에 불만을 가지고 있고 그에 대한 저항을 이야기하지만, 문제의 본질을 찾지 못하고 있다. 하버마스에 따르면, 답은 자신이 말하는 "의사소통 합리성"의 회복 속에 있다. 그러니까 서구 근대 사회의 부정적 결과에 대한 불만과 저항은 가치와 규범을 재생산하고 전승하는 의사소통 행위 영역이 경제와 행정 합리성 원리가 이끄는 합리화 형태에 침범당하는 상황 속에서 발생한 것이라는 말이다. 신보수주의가 주장하는 것처럼 문화적 지형을 바꾼다고 해서 ―가령 포스트모던 문화의 영향력이 약해지거나 소멸한다고 해서― 모순적이고 일관되지 못한 정치적 태도와 행위가 개선되는 것은 아니다. 서구가 놓여 있는 사회적 근대화의 근본 구조를 바꾸는 일이 본질적인 해결책이기 때문이다.

이러한 문제의식 위에서 하버마스는 서구 근대정신의 기원인 계몽의 기획the project of enlightenment을 정리해 낸다. 18세기 계몽 철학자들이 만들어 낸 계몽의 기획은 "객관적 과학, 보편적 도덕과 법률, 자율적인 예술의 발전", 그러니까 자연, 인간관계, 내적 체험 세계의 합리적 재구축에 있었다. 하지만 20세기 들어 그러한 기획의 낙관적 전망은 더 이상 기대하기 어려워졌다. 말하자면 서구 근대 사회는 행정과 경제가 결합한 자본주의 체계에 의해 성장을 구가하고 있지만, 신보수주의자들이 주목하고 있듯이, 거기에는 무원칙적이고 모순적인 불만과 저항이 지배하고 있다. 여기서 하버마스는 "아무리 약하다고 하더라도 계몽의 **의지**를 여전히 지켜 내야 하는가 아니면 계몽의 기획이 자신의 대의를 잃어버렸다고 선언해야 하는가"(Habermas 1980. 강조는 원문)라는 질문을 던지고 있다. 그는 '계몽의 기획'의 죽음을 선언할 수는 없다고 강조한다. 그에게서 "근대의 기획은 아직까지 종결되지 않았다." 핵심은 "자율적인 경제 체계와 그것의 행정적 보완 체계를 움직이는 내적 동학과 당위적 요구를 제한하는 제도들을 생활 세계가 만들어 가야 한다는" 사실이다. 그 점에서 하버마스는 문화가 일상의 실천과 결합해야한다고 보고, 당대를 풍미했던 초현실주의 문화 운동의 오류를 지적한다.

이제 하버마스는 자신이 주장하는 근대성 기획에 맞서는 사람들을 이야기한다. 그들은 대체로 세 부류로 나뉘는데, 첫째, 하버마스가 '청년 보수주의자'로 규정하는 바타유Georges Bataille, 푸코Michel Foucault, 데리다Jacques Derrida 등 프랑스 현대 철학자들로서, 이들은 근대적 주체성, 근대적 노동과 공리의 원칙을 거부하는 '반근대주의자'다. 둘째, "구보수주의자"로 불리는 이들은 서구 근대의 근본적 위기 —환경 위기와 같은— 를 마주하면서 근대 이전의 원리로 회귀할 것을 주장하고 있는데, 그 점에서 그들은 '전근대주의자'다. 하버마스는 이를 레오 스트라

우스Leo Strauss의 사상에서 기원하는 흐름으로 보면서 요나스Hans Jonas, 슈페만Robert Spaemann을 언급한다. 셋째, '신보수주의자'로 규정되는 이들인데, 과학과 정치에 대한 태도에서 이들은 과학이 기술 진보, 자본주의적 성장, 합리적 행정과 같은 목표에 종속되어 삶의 방향을 이끄는 데 아무런 도움이 되지 못하고 있고, 정치 또한 도덕적-실천적 정당화 요구와의 관련성을 상실했다고 주장한다. 하버마스는 초기의 비트겐슈타인Ludwig Wittgenstein, 중기의 슈미트Carl Schmitt, 후기의 벤Gottfried Benn을 언급하고 이들을 '탈근대주의자'로 규정하고 있다. 이와 같은 분류 위에서 하버마스는 반근대성의 사유들이 전근대적인 아이디어들과 결합하면서 대안적 문화로 유행하고 있고, 독일과 같은 국가는 탈근대주의자들과 전근대주의자들이 정치적으로 연합하는 현상을 두려움으로 바라보고 있다고 고백한다.[1]

하버마스가 아도르노상 수상 기념 연설에서 제기한 이와 같은 문제의식은 우리가 다루려 하는 책 『의사소통 행위 이론』

---

1 하버마스는 1980년대 초반 여러 대학에서 행한 강연들을 모은 책, 『현대성의 철학적 담론』에서 그가 비판한 반근대주의자, 탈근대주의자, 전근대주의자들과의 치열한 지적 싸움을 본격적으로 전개하고 있다.

―아도르노상 수상 이듬해에 출간되었다― 의 서문에서 다시 발견할 수 있다. 서문을 통해 하버마스는 1960년대 말 이래 서구 사회에 대한 당대의 해석들을 언급하고 있다. 상이한 방향의 해석들이지만, 물질적 풍요에 기반한 복지 국가로 특징지어진 1960년대 말의 서구 사회가 일정한 진단과 평가가 필요할 만큼 비정상적이거나 병리적이라고 평가하는 데는 같은 입장이었다. 하버마스의 설명에 따르면 신보수주의는 자본주의적 경제 성장과 근대화의 논리에서 당대 서구 사회의 희망을 찾으며, 물질적 풍요가 가져온 모순을 이른바 전통문화의 복원을 통해 극복함으로써 사회적 질서를 추구하려 한다. 말하자면 "신보수주의자들은 어떤 대가를 치르더라도 자본주의적 유형의 경제 및 사회 근대화를 고수하려고 한다. 그들은 복지 국가적 타협에 기대했으나 이 타협에 의해 제약되기도 하는 경제 성장에 제일의 우선성을 부여한다. 사회적 통합을 깨뜨리는 이 성장의 부작용들에 대해 신보수주의자들은 이미 뿌리가 뽑힌, 그러나 수사적으로 되살려 낸, 비더마이어Biedermeier 문화의 전통에서 도피처를 찾는다." 그 반대편에는 자본주의 성장을 통한 사회 발전의 논리에 맞서는 반근대주의 해석론이 있다.

그 반근대주의는 자본주의 성장을 견인하는 경제와 행정 체계의 확장과 영향력 증대를 우려하면서 사회 경제 근대화에 궁극적 책임을 돌리려 한다. 그러니까 "신보수주의의 변호론에 대해 때로 반근대주의로 첨예화하는 성장비판이 응수한다. 성장비판은 자율적이 된 무장경쟁에 대해서와 마찬가지로 경제와 행정 체계의 과도한 복잡성에 대해서도 반기를 든다."(하버마스 2011, 23)[2] 그러니까 하버마스는 서구 자본주의적 근대화의 결실인 경제 성장을 고수하려 하면서 문화적인 차원에서는 '비더마이어 문화'로 비유되는 탈시민적, 탈정치적 문화로 회귀하려는 태도도, 거꾸로 경제 성장에 문제의 모든 책임을 돌리면서 성장을 이끄는 일체의 제도적 원리들을 거부하려는 태도도, 서구 근대가 양산해 낸 문제들을 풀어낼 적절한 답이 아니라고 보았다. 하버마스는 서구적 근대성의 경계를 벗어나지 말고 그 속에서 해답을 찾을 것을 주문한다. 그의 답은 명확하다. 서구 근대성의 한 축이 경제와 행정 체계로 구현되었다면, 다른 한 축

---

2   아도르노상 수상이 1980년이고 『의사소통 행위 이론』의 출간이 1981년이라는 사실을 고려하면, 수상 연설과 『의사소통 행위 이론』에서의 문제의식은 동일한 것으로 보는 것이 타당하다.

은 생활 세계라는 장소에서 실현되었기 때문에, 생활 세계 내에서 사람들 사이 합리적 의사소통 원리의 구축을 통해 서구 근대 사회의 병리들을 진단하고 치료해야 한다는 것이다.

『의사소통 행위 이론』은 이러한 문제의식의 지적 귀결이다. 그러니까 이 책에서 하버마스는 서구 사회를 새롭게 도덕적 규범 위에 서게 할, 생활 세계에서 작동할 합리적 의사소통의 원리를 규명하고 정식화하고자 한다. 그런데 우리가 『의사소통 행위 이론』의 질문을 입체적으로 이해하려면 하버마스 사회 철학의 거시적 그림에 대한 인식이 필요하다.

프랑크푸르트학파를 창시한 스승들이 그러했던 것처럼, 그 학파의 계승자로서 하버마스 또한 서구의 근대정신성에 대한 비판적 사유를 자기 철학의 핵심적 테제로 삼은 인물이다. 서구의 근대가 적어도 19세기 후반 이후 인류 문명사에서 대단히 심각한 파괴적 결과를 만들어 냈다는 사실을 외면할 수는 없다. 그러나 하버마스는 호르크하이머와 아도르노가 『계몽의 변증법』을 통해 역설한, '서구 근대성의 본질은 동일성을 향한 폭력적 이성'이라는 비관적 명제를 '비판 없이' 수용하지 않았다. 그는 서구 근대성의 원리로서 이성과 합리성을 새롭게 해석하려 했으며 그 성찰의 지점에서 서구 근대정신에 내재된 해방의 힘을 발견했다. 잘 알려진 것처럼, 1961년에 교수 자격을 취득하기 위해 제출된 논문인 『공론장의 구조 변동』은 해방의 잠재력을 지닌 서구 근대 이성이 부르주아 사회와 문화와 정치의 무대 위에서 어떻게 자신의 모습을 드러냈는가를 보여 준 최초의 체계적 작업이었다. 그런데 그 1961년은 아이러니하게도 그가 반근대주의의 대표적 인물로 간주한 푸코의 국가 박사 학위 논문 『광기와 정신 착란』이 제출된 해이기도 하다. 어떻게 보면 그 우연의 일치는 대단히 징후적이라고 할 수 있는데, 왜냐하면, 서구 이성과 합리성에 대한 정반대의, 더 솔직하게 말하자면 적대적인 두 철학이 자신의 근원적 틀과 내용을 만들어 낸 해이기 때문이다. 『공론장의 구조 변동』과 『광기와 정신 착란』은 모두, 하버마스와 푸코의 사회 철학이 뻗어 나가고 확장되기 위한 근원적 아이디어가 담겨 있는 책으로 평가할 수 있다.

『공론장의 구조 변동』에서 하버마스가 증명하고자 했던 서구 근대 이성의 해방적 실천력에 대해 그의 스승들은 결코 동의하지 않았다. "완전히 계몽된 지구에는 재앙만이 승리를 구가하고 있다"(호르크하이머·아도르노 2001, 21)는 선언에서 출발해, 서구 역사에서 위로는 고대 그리스로 올라가 신화적 세계를 분쇄하려는 계몽의 원초적 욕망을 비판하고, 아래로는 프랑스 혁명기의 성적 도덕, 독일의 반유대주의, 미국의 문화 산업에 대한 성찰을 통해 효율성과 동일성으로 모든 것을 환원하려는 계몽의 근본적 열망을 폭로하는 프랑크푸르트학파 창시자들의 사유 속에서 서구 근대 이성을 인간 해방의 가능태로 생각하는 것은 불가능했다. 결국, 하버마스가 프랑크푸르트대학을 떠나 정치학자의 지도 아래에서 자신의 논문을 완성해야 했던 것은 그러한 이념적 대립의 필연적 결과일지도 모른다.

그 문제 지평에 연결되어 있는 『공론장의 구조 변동』은 17-18세기 영국, 프랑스, 독일과 같은 서유럽에서 부르주아 민주주의를 형성하고 작동시킨 궁극적 원리로서 '공론장publis sphere'이 어떠한 역사적, 문화적, 정치적 과정을 거쳐 탄생했는지, 그리고 그 공론장이 어떤 점에서 민주주의 원리로 기능한 것인지를 추적하고 해석한 텍스트다. 경제 패권을 지니면서 자신만의 문화적 세계를 구축한 부르주아 사회는 유럽 전근대 체제 정치권력의 공적 과시, 또는 과시적 공공성과는 근본적으로 다른 공공성의 원리를 만들어 냈다. 정치권력이 피치자들 앞에서 공개적으로 자신의 정치적 존재성의 비범함, 신성함, 화려함을 드러내 주는 과정이 과시적 공공성이라면, 부르주아 공공성은 특정 문제들에 대한 이성적 토론을 거쳐 집합적 의견을 만들어 정치권력을 향해 일정한 압력을 행사하는 과정을 의미한다. 그러한 과정이 작동하는 무대를 하버마스는 공론장으로 부른다.

이 부르주아 공론장과 관련해 우리는 '공중public'이라는 집합적 주체와 '여론public opinion'이라는 집합적 의견에 주목해야 한다. 왜냐하면, 이 두 개념이야말로 부르주아 민주주의의 핵심 구성 요소이기 때문이다. 하버마스에 따르면 공중은 상업 자본가들의 정치적 결속체다. 그들의 물질적 이해관계와 관련해 상품 교환과 노동 영역에 대한 공권력의 개입과 규제는 대단히 민감할 수밖에 없는 사안이었는데, 그 점에서 그들은 자신들의 사적 이해관계에 영향력을 미치는 공적 제도와 규칙을 일방적으로 수용하기보다는 자신들의 의사와 의지가 반영되는 방식으로 조정, 변형, 또는 폐지해 가려 했다.

그런데 상업 자본가들은 공권력과 물리적으로 대결하는 것이 아니라 함께 모여서 당대의 공적 주제에 대해 생각과 의견을 나누고 토론하며 합의를 만들어 가는 방식으로 자신들의 이해관계를 관철하고자 했다. 여기서 대단히 놀랄 만한 상황이 벌어지는데, 부르주아의 사적이고 개별적인 이해관계가 토론 과정을 거쳐 공동의 집합 의견으로 질적 변화를 한다는 것이다. 이것이 이른바 여론으로 부르는 것인데, 이 여론은 공개성의 원리를 따라 만들어진다. 공개성이란 토론에 참여한 사람들이 어떠한 제한이나 억압 없이 각자 자신들의 주장을 표출할 수 있고 동시에 상대의 비판을 견뎌 내야 한다는 원리다. 공중으로 불리는 그들이 주조한 여론은 내적으로는 토론 참가자들을 규제하는 규범의 위상을 지닐 수 있으며, 외적으로는 공권력에 맞설 정당한 의지로 작용할 수 있다.

여기서 중요한 사실은 부르주아 공론장이 당대 정치권력에 관한 모든 문제를 공개적 논의의 대상으로 삼았다는 점이다. 공개적 토론의 대상이 되지 못하는 것은 아무것도 없었다. 이 공론장에서는 선험적으로 정당한 것은 존재하지 않으며 오로지 공개성의 원리에 입각해 토론과 비판을 통과한 주장과 논리만이 정당성을 확보한다는 명제가 지배한다. 개방과 비판의 원리로 직조된 이 부르주아 공론장은 "절대주의적 지배 체제로부터 부르주아 사회를 해방하는 데"(하버마스 2004, 133) 실제적인 역할을 수행하면서 부르주아 민주주의의 중대한 모델로 수립되고 운영되었다고 하버마스는 말했다. 하버마스에 따르면 "공론장은 부르주아 법치 국가의 조직 원리로서 이 시기 자본주의에서는 신뢰할 만한 것이었다."(하버마스 2004, 174) 하버마스는 부르주아 공론장의 핵심에 이성이 자리하고 있다고 말한다. 공론장의 무대에서는 이성적인 태도가 요구되었고, 공론장의 여론은 바로 그 이성적 논리의 실천을 통해서 만들어졌다. 그 점에서 여론은 곧 진리와 정의를 향한 규범의 실천태였다(하버마스 2004, 131).

그렇다면 우리는 이성을 서유럽 근대 민주주의를 견인한 궁극적 원리로 파악할 수 있게 된다. 하지만 이성에 대한 하버마스의 그 평가는 호르크하이머와 아도르노의 해석과 정면으로 대립한다. 이와 같은 긴장의 발생은 근본적으로 서구 근대 이성을 바라보는 관점의 차이에 기인한다. 프랑크푸르트학파 1세대는 그 이성을 하나의 총체적 주체가 실천하는 문명화의 힘과 의지로 바라보고, 그것은 결국 모든 세계를 양적 동일성의 원리로 환원하려는 폭력이라고 해석한다. 서구 근대 이성은 명백히 합리성의 원리 아래 질서 잡혀 있지 않은 것들을 정돈하고 체계화하려는 의지를 보여 왔고, 그러한 의지는 이질적 세계에 대한 폭력적 과정으로 발현되기도 했다.

하버마스는 이성에 대한 그와 같은 해석을 전적으로 부정하지는 않는다. 그렇지만 그는 서구 근대 이성이 동일성을 향한 폭력으로만 실천되지는 않았다고 보고 있다. 부르주아 공론장의 이성은 호르크하이머와 아도르노가 서구 근대 문명의 본질로 이해한 이성과 근본적으로 다르다. 그것은 어느 한쪽에서 상대를 향해 일방적으로 실천되는 동일화의 폭력적 이성이 아니라, 차이를 인정하고, 서로 이해할 수 있고 수용 가능한 절차를 따라 합의를 만들어 가는 절차적 이성이다. 이러한 의사소통에 기반을 두고 합의를 찾아가는 절차적 이성을 통해 서구는 근대 민주주의의 토대를 구축하고 전개해 나갔다고 하버마스는 평가했다. 역사적으로 근대 부르주아 사회가 실천해 온 해방적 과정이다. 권력의 정당성을 시민적 이성과 그것의 구현으로서 여론의 의지 위에 놓음으로써 권력의 존재 근거를 민주주의 절차의 시험대 위에 올린 과정이었다.

하지만 공론장으로 모델화되는, 부르주아 사회가 조형한 근대 민주주의는 역사적 변화 속에서 위기를 맞이한다. 19세기 후반 제국주의로부터 2차 대전 전후 국가 주도의 경제 성장기를 통과한 현대 서구 사회는, 하버마스가 『공론장의 구조 변동』에서 명명한 것처럼, '공론장의 재봉건화' 현상을 겪는다. 부르주아 민주주의의 핵심 원리로 기능해 온 공론장은 여론을 통해 국가 권력을 감시하고 통제해 온 장소였지만, 국가와 자본이 공통의 이해관계로 묶이는 제국주의로부터 국가 주도 경제 성장이 지배해 온 20세기 중반 이후까지 서구는 그 공론장의 전통으로부터 벗어나 사회 전반이, 성장하는 국가의 영향력 아래 놓이는 구조 변화를 경험한다. 하버마스는 이 변화를 절대주의 권력이 자신의 존재를 과시하기 위해 공적 공간을 활용한 것과 같은 정치적 운동이 다시 등장했다는 의미에서 공론장의 재봉건화로 이름 붙였다.

이제 하버마스가 『의사소통 행위 이론』의 서문에서 밝힌, 서구 근대 이성과 합리성의 유산에 대해 근본적 문제를 던지는 1960년대가 도래한다. 미국과 베트남의 전쟁으로 국제 사회는 시끄러웠지만 유럽은 외견상 안정과 풍요의 세계를 맛보았다.

자본주의 성장을 구가했고 노동계급도 그 수혜자가 되었다. 자본주의적 소비의 계급적 보편화가 이루어지고 있었고, 성장에 힘입은 복지 제도가 계층 갈등의 위험을 낮추어 주고 있었다. 학생들에게는 자본주의 체제에 편입되는 것이 성공이라는 가치가 설정되었고, 그리하여 학교는 자연스럽게 성공을 위한 디딤돌로 이해되었다. 하지만 성장과 복지의 수혜를 받은 청년 세대들은 풍요로움과 안정에서 모순과 억압을 발견했고, 동남아시아에서 벌어지는 전쟁에서 서구 제국주의의 또 다른 탐욕과 폭력을 보았다. 노동자, 학생, 시민들의 정치적 연대는 풍요와 여유를 대가로 사람들을 소비의 노예로 만드는 기제를 고발하고, 국가가 주도하는 자본주의 생산 과정의 기술화에 숨어 있는 은밀한 억압과 착취의 메커니즘을 폭로했다. 그들은 또한 대학이 계급 상승의 사다리로 인식되고 자본주의적 성공을 위한 경쟁의 장이 되는 것을 거부하려 했다(카치아피카스 2009). 그러한 자기반성과 저항의 의지는 결국 '68'이라는 대사건으로 폭발했다.

이러한 혁명적 운동 속에서, 1950-1960년대 유럽을 만들어 간 궁극의 주체로서 국가는 전면적인 부정의 대상이 되어야 했다. 40대 초반의 철학자로서 68의 중심에 서 있던 하버마스는 정당성이란 개념을 가지고 그 총체적 위기를 진단하고 해법을 모색했다. 1973년에 출간된 책 『정당성 위기』는 그 문제에 대한 이론적 고민의 결과물이었다. 하버마스는 당대 유럽의 자본주의를 "조직화된, 또는 국가 규제 자본주의"로 규정하면서 68에서 명확하게 드러난 위기를 경제, 정치, 사회 문화적 차원에서 해석해 낸다. 하버마스가 볼 때, 1960년대 유럽 자본주의 경제는 자본의 자율적 힘이 아니라 국가의 제도적 개입에 의해 유지되어 왔는데, 그것은 결국 이윤 창출 과정에서 초래되는 계급 대립과 갈등을 지속적으로 관리하고 조절해야 하는 국가적 부담을 증대시켰다. 그와 같은 경제적 위기는 정치적 위기와 맞물려 국가는 대중적 지지와 충성을 통한 정당성의 지속적 창출의 어려움을 피할 수 없었다. 그리고 국가는 복지의 이름으로 가족, 문화, 교육 영역에의 적극적 개입을 통해 자본주의 관리자로서의 역할을 수행했지만 그 과정에서 초래된 인격과 가치와 도덕적 전통의 변화는 사람들의 저항을 초래했다(Habermas 1988). 노동자가 중심이 되는 자본주의를 꿈꾸고, 유토피아를 향한 가치와 문화를 상상하고, 연대 실현을 위한 교육과 대학을 열망하고, 제국주의적 욕망에 맞선 국제적 투쟁을 외친 68의 주체들 속에서 우리는, 하버마스가 진단한 것처럼, 당대 유럽이 정치, 경제, 문화적 차원에서 얼마나 심각한 정당성 위기를 겪고 있었는가를 명확하게 인식할 수 있다.

이 정당성 위기의 본질을 진단하고 해법을 제시하는 작업과 관련해 하버마스는 '체계와 생활 세계' 개념을 구상했는데, 『의사소통 행위 이론』의 핵심을 차지하는 이 두 개념은 『정당성 위기』에서 이미 언급된 바 있다. 여기서 하버마스는 체계 통합과 사회 통합을 구분하면서, 체계 통합이 체계 내부의 자율적 규제 원리에 입각해 이루어지는 것이라면, 사회 통합은 생활 세계 내에서 사회적 가치와 규범의 창출과 지속 원리를 따라 이루어지는 것이라고 말했다(Habermas 1988, 4). 하버마스의 분류를 따르자면, 경제와 행정이 체계 통합의 주요 영역이고, 교육, 문화 등이 사회 통합의 주요 부문이다. 공동체로서 사회가 균형적으로 유지되기 위해서는 이 두 차원의 통합이 자기 고유의 경계 안에서 원활하게 이루어져야 한다. 하지만 1960년대 유럽의 상황은 체계 통합의 과정과는 달리 사회 통합의 과정에서 기능 장애가 발생했음을 말해 준다. 말하자면 생활 세계의 고유성이 소멸되었다는 것을 의미한다. 사회 통합의 내적 자율성이 사라지고 그것을 체계 통합의 원리가 대신 맡게 되면서 생활 세계에는 삶의 의미 상실과 같은 병리적 상황이 초래되었다는 진단이다. 이 생활 세계는, 그 원리는 다르지만, 전근대 사회 구성원들에게 삶의 의미와 가치와 도덕의 기준을 제공해 주면서 공동체 질서 유지의 규범적 근간이 되어 온 종교의 근대적 대체물이라고 할 수 있다. 그 점에서 생활 세계가 자신의 원리를 상실한다는 것은 대단히 중대한 문제가 아닐 수 없다. 유럽의 근대는 생활 세계 없이도 과학적 합리성의 지속적 진보를 통해 통합과 질서 유지를 할 수 있다고 자신했지만, 그것은 가능하지 않았다. 사회적 계획의 기술적 실천을 지향하는 목적 합리성, 사회 전체를 보편적인 질서의 체계로 만들려는 체계 합리성과 달리, 생활 세계는 실천적 합리성의 원리가 적용되는 자리이기 때문이다(Habermas 1988, 141).

『의사소통 행위 이론』은 『정당성 위기』에서 제기된 문제의식과 이론적, 실천적 논의들에 기초하고 있다. 『의사소통 행위 이론』은 서구 근대 이성과 합리성 개념에 대한 근본적인 반성에서 시작해 체계와 생활 세계 개념에 입각한 체계 통합과 사회 통합을 이야기하고, 이론적 지평에 입각해 1960년대 유럽의 정당성 위기에 대한 실천적 해법을 제시하고 있다. 하지만 『의사소통 행위 이론』은 합리성과 통합에 대한 논의와 관련해 『정당성 위기』에서는 볼 수 없는, 이론적 차원에서의 높은 추상성과 정교함과 복잡성을 보여 주고 있다. 뒤에서 보겠지만, 합리성 논의와 관련해서는 베버를 필두로 다양한 현대 이론가들을 섭렵하고, 유럽 근대의 전망에 대해서는 마르크스Karl Marx, 호르크하이머, 아도르노, 루카치Lukács György 등 정통, 신마르크스주의자들을 끌어들이고, 생활 세계의 언어적 원리에 대한 논의를 위해서는 오스틴John Langshaw Austin과 같은 언어 철학자들을 불러들인다. 그리고 생활 세계의 철학적 원리를 구축하는 작업과 관련해서는 허버트 미드George Herbert Mead, 뒤르켐Émile Durkheim을 깊이 살펴보고, 체계 통합과 사회 통합의 본질적 차이를 제시하기 위해 파슨스Talcott Parsons를 비판적으로 사유한다.

『의사소통 행위 이론』에서 하버마스는 유럽의 근대가 나아갈 미래를 파국적 모습으로 전망하면서 아무런 희망도 제시하지 못하거나, 전근대적 해법에 의존하는 선배 사상가들에 맞서려 한다. 그러한 새로운 관점과 태도는 본질적으로 근대 이성과 합리성에 대한 철학적 사유와 역사적 관찰에 근거하는 것인데, 앞서 말한『공론장의 구조 변동』이 그 원천을 제공하고 있다. 한 번 더 강조하자면,『공론장의 구조 변동』은 국가 권력에 대한 민주적 정당성의 구조적 원리에 관한 역사학적, 정치학적 탐색으로, 부르주아 공론장이 실천해 온 정치적 공론의 과정이 유럽 근대 민주주의의 매트릭스임을 보여 주고 있다. 그 역사적 추적은 곧 유럽 근대 이성과 합리성이 과학 기술의 진보를 향한 원리였을 뿐만 아니라 민주주의를 향한 규범 창출의 원리이기도 했다는 사실을 인식하게 하면서 궁극적으로 이성과 합리성의 상이한 두 원리에 대한 탐구 필요성을 촉진했다.『공론장의 구조 변동』에서 제시된 부르주아 공론장의 원리는, 그 역사적 특수성을 제거하게 되면, 가장 이상적인 담화 모델로 나타난다. 그 담화에 참여하는 주체들과, 그 주체들의 의사소통 과정과, 그 과정에서 도출되는 여론의 성격은 모두 내적이고 외적인 차원에서 규범적 정당성의 원천이라는 점에서 그러하다. 그렇게 보면,『의사소통 행위 이론』이 구축한 생활 세계의 의사소통 합리성 원리는 부르주아 공론장에서 구현된 이상적 담화 구조를 언어 이론을 바탕으로 재구성한 것으로 해석할 수 있다. 하버마스는 『의사소통 행위 이론』에서, '규범적 정당성을 갖는 결정을 만들어 내기 위해서는 어떠한 언어 교환 원칙과 절차가 작동해야 하는가'라는 문제에 답하려 했다. 이러한 논점에 선다면, 우리는 아래의 입론이 말해 주는 것처럼, 『공론장의 구조 변동』과 『의사소통 행위 이론』 사이에 중대한 연속선이 놓여 있음을 인식할 수 있다.

> 그 '원리'와 '이념'의 수준에서 '부르주아 공론'은 이상적 담화 상황의 역사적이면서도 규범적인(이상적인) 모델로서 생각될 수 있다. 이러한 사상은 후기의 의사소통 행위 이론과 담화 윤리에 대한 논의에서 구체적으로 제시된다(김재현 1996, 26).

이러한 배경적 논의를 바탕으로 이제 『의사소통 행위 이론』의 구성을 살펴보기로 하자. 두 권으로 구성된 『의사소통 행위 이론』은 다음과 같은 목차로 이루어져 있다.

1권

의사소통 행위 이론: 행위 합리성과 사회 합리화

1장 서론: 합리성 문제에 대한 접근 방식들

예비적 고찰: 사회학에서 합리성 개념

1. 합리성: 잠정적 개념 규정

1) 행위와 주장의 비판 가능성

2) 비판 가능한 발언들의 스펙트럼

3) 논증 이론에 대한 부연 고찰

2. 신화적 세계 이해와 근대적 세계 이해의 몇 가지 특징

1) 신화적 세계 이해의 구조: 고들리에의 이론

2) 대상 영역의 분화 대 세계의 분화

3) 윈치와 영국의 합리성 논쟁: 보편주의적 입장에 대한 찬반 논거

4) 세계상의 탈중심화(피아제): 생활 세계 개념의 잠정적 도입

3. 네 가지 사회학적 행위 개념에서 살펴보는 행위의 세계 연관과 합리성 측면들

1) 포퍼의 3세계 이론과 행위 이론에의 적용

2) 행위자-세계의 관계에 따라 구별된 세 가지 행위 개념

3) 의사소통적 행위 개념의 잠정적 도입

하버마스는 인간이 합리적으로 행동한다는 것의 의미를 물으면서 『의사소통 행위 이론』 1권(이하 1권)을 시작한다. 우리는 자신의 의지와 무관하게, 즉 우연히 이루어진 행동에 대해서는 합리적이다, 또는 비합리적이다라고 평가하지 않는다. 그러니까 합리적인 행동이란, 행동 주체의 의지의 결과물이어야 한다는 것이다. 인간 행동은 크게 물리적 행동과 언어적 행동으로 구분되는데, 그러한 행동들에 대해 합리성 여부를 판정하는 데는 몇 가지 기준이 있다. 가령, 어떤 사람이 적절한 수단을 사용해 자신의 목표를 달성했다면 합리적으로 행동했다고 말할 수 있다. 그 경우 합리성은 목표한 결과에 도달한 것의 의미로서 효율성 개념으로 전환할 수 있다. 한편, 어떤 사람이 자신의 관찰이나 경험을 누군가에게 이야기했을 때, 그 표현이 실제 관찰, 경험과 일치할 수도 있고, 그렇지 않을 수도 있다. 일치하는 경우를 참된 표현이라고 말하고, 그 반대를 거짓된 표현이라고 한다. 우리는 그 참된 표현에 대해 합리적이라고 말한다.

하지만 합리성의 의미는 그렇게 제한되지 않는다. 하버마스는 "우리는 '합리적'이라는 말을 참이거나 거짓, 또는 효율적이거나 비효율적일 수 있는 표현들과의 연관에서만 사용하지 않는다. 의사소통적 실천에 내재하는 합리성은 더 넓은 스펙트럼에 걸쳐 있다"(하버마스 1권, 46)라고 말한다. 앞에서 이야기한 합리성의 두 차원이 특정 행동 주체의 개별적 세계에 둘러싸여 있다면, 새로운 합리성은 복수의 사람 사이에, 그리고 그들이 놓인 공통의 세계에 연결되어 있다. 여기서 합리성은 특정 주체의 객관적 상황에 근거하는 참과 거짓이라든가, 목표 달성이라는 효율성의 차원이 아니라, 논증argumentation과 타당성 주장validity claim 차원과 연결된다. 세계를 공유하는 대화 주체들이 자신의 입장을 논거를 통해 표출하고, 상대 논거의 정당한 근거를 묻는 절차로 실천되는 합리성이다. 이때의 합리성은 "자신을 비판에 노출하고 필요하면 논증에 적절히 참여하려는 자세"(하버마스 1권, 58)를 의미한다.

하버마스는 이것을 의사소통 합리성이라고 부르며, 이러한 합리성의 무대로 생활 세계 개념을 제시한다. 현상학이 창시한 생활 세계 개념 속에는 사회적 세계란 불가분리하게 서로 연결되어 있는 사람들의 자리라는 암묵적 전제가 들어 있다. 의사소통 합리성을 생활 세계와 결합함으로써 하버마스는 합리성을 특정 주체의 고립적인 사고나 행동이 아니라, 주체들의 상호 작용 차원으로 옮겨 놓는다. 이 문제와 관련해 하버마스는 신화적 세계 이해와 근대적 세계 이해를 구분한다. 이러한 구분을 통해 하버마스는 논증 가능한 것과 그렇지 못한 것이 혼재되어 있고, 믿음과 진리가 이미 확정되어 있는 신화적 세계에서는 의사소통 합리성의 실천이 어렵다는 점을 지적한다. 그점에서 진리와 정당성 창출에서 근대 세계의 독특함이 드러난다. 이렇게 하버마스는 의사소통 합리성의 원리를 구축함으로써 근대 세계의 합리성을 이해하기 위한 새로운 문을 열어 준다. 사람들은 외적 세계에서 일정한 경험을 하고, 사회적 세계에서 도덕적으로 판단하고, 자신의 내면세계에서 생각하고 느끼며 살아간다. 생활 세계를 살아가는 사람들의 의사소통 세계에서는 그러한 경험의 참, 거짓 여부, 판단의 논거, 내면적 생각과 느낌의 근거를 묻는 질문이 제기될 수 있다. 그 질문에 대해 타당한 논리를 제시하고 상대방이 그 논리를 온전히 수용할때, 그러니까 상호 이해가 충족될 때 우리는 의사소통 합리성의 실천을 이야기할 수 있다.

하버마스는 베버의 합리성을 비판적으로 사유함으로써 의사소통 합리성 논의를 본격적으로 진행한다. 잘 알려진 것처럼 베버는 서구 근대를 합리화가 지배적 원리로 자리 잡아 가는 과정으로 이해했다. 베버는 『프로테스탄트 윤리와 자본주의 정신』을 통해 서구에서 자본주의가 싹트고 성장하는 과정을 추적함으로써 합리화의 구체적인 과정을 보여 주었다. 그 합리화는 이윤 획득이라는 세속적 행위가 기독교적 도덕이라는 종교적 명령과 결합된 방식이었다. 그런데 세속적 이윤 획득이 종교적 정당화와 분리되고 그것이 합리화로 이해되기 시작하면서 자유 상실과 의미 상실이라는, 서구 사회의 변질이 일어났다. 서구 근대에 대한 베버식의 어두운 전망은 호르크하이머와 아도르노와 같은 비판 이론가, 루카치와 같은 신마르크스주의 사상가에게서도 발견된다. 하버마스는 서구 근대에 대한 비관적 전망을 합리성에 대한 편향적 이해의 결과라고 생각했다. 인간 행위에 대한 유형화가 보여 주고 있듯이 베버는 행위의 합리성을 개별적 주체의 생각과 의지로만 이해했기 때문에 의사소통 합리성이라는 새로운 차원으로 나아가지 못했고, 호르크하이머와 아도르노 또한 합리성의 소통적 차원을 인지하지 못한 채 비관적 전망에 사로잡혀 근대 이전으로 회귀하려고 했다. 루카치의 경우에도 물화 개념을 통해 서구 자본주의의 비인간성을 고발했지만, 그 문제의 해결을 프롤레타리아라고 불리는 특정한 주체의 의지적인 실천에만 의존하는 한계를 벗어날 수 없었다.

하버마스는 그 선배 사상가들이 서구 근대를 이해하고 문제를 고민하는 과정에서 의사소통 합리성이라는 차원을 이해하지 못했음을 비판하는 것이다. 그리하여 그는 상호 이해와 타당성 주장을 축으로 의사소통 합리성이 실천될 수 있는 언어 수행 모델을 구축한다.

『의사소통 행위 이론』 2권(이하 2권)은 질서와 통합의 생성과 유지라는 관점에서 근대적 원리를 탐구한다. 먼저 하버마스는 미국의 사회 심리학자 미드의 상징적 상호 작용 개념을 통해 인간이 공통의 세계를 만들어 가고 상호 주체로 형성되는 과정을 논의한다. 이어서 인간 사회의 질서와 통합에 기여하는, 신성한 집합 도덕에 관한 뒤르켐의 사회학을 탐색한다. 그럼으로써 하버마스는 사회적 질서와 통합을 위한 집합 도덕의 창출을 의사소통적으로 이해할 수 있는 이론적 토대를 구축한다.

하버마스는 체계와 생활 세계라는 이분법적 개념을 토대로 질서와 통합의 유지에서 전통 사회와 근대 사회의 중대한 차이를 이야기한다. 체계와 생활 세계가 미분화되어 모든 질서와 통합이 생활 세계에 의해 이루어지는 전통 사회와는 달리 근대 사회는 체계와 생활 세계로 분리되어 질서와 통합을 유지한다. 체계는 효율적이고 전문적이고 기능적인 원리에 입각해 있고, 생활 세계는 상호 이해와 소통 원리가 지배한다. 이 두 영역에는 각각의 합리성이 대응한다. 체계는 효율적 경제와 조직화된 행정으로 구현되는 합리성을 통해, 생활 세계는 가치를 재생산하고 전승하는 문화와, 도덕과 규범을 만들고 사회화하는 교육으로 실천되는 합리성을 통해 사회의 질서와 통합을 유지한다. 여기서 전통 사회의 생활 세계와 근대적 생활 세계가 구분되는데, 말하자면 전통적 생활 세계는 종교적 세계상을 기반으로 확정된 믿음과 규범을 사회 전체에 부과하지만, 근대적 생활 세계는 복수의 주체들이 합리적 의사소통을 통해 사회적 가치와 규범을 만들고 공유해 간다.

하버마스는 미국의 사회학자 파슨스의 체계 모델을 비판함으로써 사회적 질서와 통합에서 생활 세계가 수행하는 고유의 차원을 부각한다. 파슨스는 궁극적으로 질서 있는 사회, 통합된 사회를 가능하게 하는 모델을 구축하고자 했는데, 하버마스에게서 그것은 체계 원리의 보편화가 관철되는 모델이라는 점에서 한계를 지닌다. 그 모델은 사회적 하위 영역들이 고유한 기능에 따라 전문화되고 분화되는 구조 위에서 질서와 통합을 형성하고 유지하는 것인데, 그 속에서라면 도덕이나 규범을 기초로 사회적 정당성을 만들어 질서와 통합을 확보하는 문제가 생략될 수밖에 없다. 하지만 하버마스는 도덕과 규범적 정당성 없이 기능적 메커니즘에만 의존하는 사회는 불안정하고 혼란스러울 수밖에 없다고 진단한다.

결론적 논의로 들어와 하버마스는 최초의 논의 주제였던 베버의 합리성 이론으로 회귀하는데, 그는 베버의 관료제 명제를 마르크스의 가치 이론을 통해 해석한다. 그 논의를 통해 하버마스는 베버 이론의 사회학적 한계를 통찰함과 동시에 정통 마르크스 이론의 한계도 포착한다. 마르크스는 베버가 이야기한 암울한 서구 자본주의 사회를 사회주의 혁명을 통해 해방한다는 테제를 제시했지만, 현대 서구 자본주의는 그러한 테제가 들어맞지 않음을 말해 준다. 서구 자본주의는 고전적인 혁명 이론이 가능하지 않은 방식으로 자신의 안정적 재생산을 위한 구조를 창출해 나가고 있다. 하버마스가 언급한 후기 자본주의가 그 양상인데, 생활 세계가 체계의 논리에 압도되는 현상으로 나타난다. 그러한 문제 앞에서 하버마스는 생활 세계의 복원을 위한 노력으로 이해될 수 있는 새로운 사회 운동에 주목할 것을 역설한다.

2장

베버의 서구 근대 해석:

목적 합리성이 지배하는 자본주의의 어두운 미래

의사소통 행위 이론에 대한 하버마스의 논의는 베버의 합리화 이론에 대한 대단히 치밀하고 정교한 평가와 해석에서 시작하고 있다. 1권은 합리성에 대한 서론적 논의를 거쳐 베버가 차지하는 서구 사상사적 위상에 대한 언급으로부터 본격적인 이야기를 진행하고 있다. 하버마스는 "고전 사회학자들 가운데, 막스 베버는 역사 철학의 전제들과 진화론의 기본 가정들로부터 단절하면서도 구舊유럽 사회의 근대화를 합리화의 보편적-역사적 과정의 결과로 생각하고자 했던 유일한 사람"(하버마스 1권, 239)이라고 해석하고 있다. 베버가 합리화에 관한 역사 철학의 관점과 진화론의 관점으로부터 벗어나 자기 고유의 관점에서 근대 서구 사회를 인식하고 있다는 것인데, 이 입론 속에는 서구적 근대와 그 근대를 형성해 낸 원리로서 합리화에 대한 베버의 관념이 들어 있다. 그러므로 우리는 그 세 관점의 차이를 규명할 필요가 있어 보인다.

하버마스는 친절하게 그 작업을 진행하는데, 먼저 역사 철학적 사유를 살펴보기로 하자. 하버마스는 역사 철학적 사유의 명백한 지적 의지를 프랑스 계몽주의 철학자 콩도르세Condorcet에게서 찾고 있다. 콩도르세는 자신의 저서『인간 정신의 진보에 관한 역사적 개요』에서 역사와 사회에 대한 진리 발견의 낙관적 믿음을 견지했다. 물론 그것은 당대 자연 과학적 성과가 가져다준 결과였다. 콩도르세는 우주에 대한 보편적 법칙의 존재를 확고히 하고 발견 가능성을 의심하지 않게 한 근대 자연과학에 기댄다면 인간의 역사와 사회의 과거와 현재와 미래에 대한 보편적 지식 발견 또한 가능하다고 말해야 한다고 주장했다. 그는 "왜 철학자가 관찰의 수와 항상성과 정확성에서 나오는 것 이상의 탁월한 확실성을 그 추론에 부여할 수 없겠는가?"(콩도르세 2002, 71)라고 자문하면서 계몽주의적 진리관의 보편주의를 강하게 설파했다.

17세기 근대 자연 과학 혁명은 자연과 우주의 운동을 합리적으로 관찰하고 예측할 수 있는 보편 법칙을 수학적 원리로 구축해 냈다. 이제 자연과 우주는 어떤 신비로운 힘이나 초월적인 존재가 주재하는, 인간이 이해하기 힘든 세상이 아니라, 인간의 수학적 이성으로 파악할 수 있는 세상으로 등장했다. 그 점에서 우리는 합리성을 이야기할 수 있다. 자연 과학적 지식에 매료된 콩도르세는 자연과 우주가 보편적인 법칙에 따라 움직인다면 인간 사회 또한 그와 같은 법칙에 따라 운동한다고 생각할 수 있으며, 그렇다면 인간 사회에 존재하는 그 보편적 법칙을 찾아내려는 노력은 의심할 나위 없이 정당하다고 주장했다. 콩도르세가 그 대표 사상가이기도 했던 계몽주의는 인간 사회에 내재하는 보편적 법칙을 발견해 인류의 과거와 현재와 미래를 합리적으로 설명하며 예견하고자 했고 그것이 가능하다고 믿어 의심치 않았다.

그 점에서 우리는 하버마스가 콩도르세는 "인류 역사를 근대 과학사의 모델 위에서, 말하자면 합리화 과정으로 파악하려 한다"라고 평가한 맥락을 알게 된다. 하버마스에 따르면 인류의 역사를 합리화 과정으로 해석하려는 콩도르세의 사유는 네 가지 관점으로 구성되어 있다. 첫째, 자연 과학 혁명이 말해 주고 있듯이, 인간 정신은 세상의 모든 진리를 남김없이 파악할 때까지 지적 진보의 과정을 멈추지 않아 왔다. 둘째, 자연 과학적 지식의 합리성은 과거에 인간 사회가 참되다고 생각한 전통과 관습에 사로잡힌 관념들을 모두 무의미한 것으로 만들어 버렸다. 셋째, 자연과 우주에 대한 합리적 이해는 인간 사회에 대한 합리적 이해의 길을 열어 준다. 넷째, 인간 사회에 대한 보편적 법칙에 힘입어 인류는 가장 이상적인 질서를 향유하는 국가와 사회를 만들어 낼 수 있다. 결국 콩도르세가 생각한 합리성은 자연 과학이 달성한 것처럼, 인류 사회에 내재하고 있는 보편 법칙을 완벽하게 인식함으로써 인간이 원하는 가장 이상적인 문명을 창조한다는 의지적 사유를 의미한다.

근대 자연 과학이 진리 발견자로서 인간의 지적 능력인 합리성에 대한 무한한 신뢰를 부여한 이래, 합리성은 역사의 보편 법칙을 남김없이 파악할 수 있는 절대적 능력이 되었다. 이제 합리성은 자연과 우주, 인간의 역사와 인류의 미래에 대한 진리의 문을 열어 주고 그 진리에 부합하는 사회를 탄생시킬 유일하고도 절대적인 지적 의지가 되었다.

역사와 문명의 진보에 관한 총체적 낙관과 실천을 향한 계몽주의적 합리성은 19세기에 들어 근본적으로 변화하게 되는데, 이제 진보가 아니라 진화의 관점에서 합리성이 인식되기 시작했다. 19세기 중반인 1859년은 찰스 다윈의 『종의 기원』이 출간된 해다. 다윈의 진화론은 생명체가 자신이 놓인 자연환경에 끊임없이 적응해 가면서 삶을 유지해 가는 존재라는 사실을 구체적인 경험적 사례들을 통해 밝혀냈다. 진화evolution해 가는 존재로서의 생명체에 대한 인식이다. 그런데 다윈은 동물 세계에서 발견한 진화의 법칙을 인간에까지 적용한 것은 아니었다. 이것이 영국의 사상가 스펜서Herbert Spencer에 이르러 인간 사회를 이해하는 법칙으로 확장되었다. 보편적 진화론이 등장하면서 이제 인류 문명과 사회의 움직임은 17-18세기 계몽주의적 합리성이 아니라 진화론적 합리성으로 설명되었다. 하버마스에 따르면, 이 문제와 관련해 스펜서에서 정점에 이르는 새로운 이론은 과거의 역사 철학적 사유를 벗어나 사회적 진화에 입각한 사유로의 이행을 만들어 내었다. "과학의 이론적 진보가 아니라 종의 자연적 진화의 누적적 변화에 대한 해석 패러다임"으로서 사회 진화론에 이르러 "합리화라는 주제가 사회

진화라는 주제로 전이되었다."(하버마스 1권, 250)

　그와 같은 사회 진화론의 패러다임은 당대 사회 경제적 양상을 설득력 있게 해석함으로써 이론적 정당화를 확보할 수 있었다고 하버마스는 설명한다. 가령, 산업과 기술의 발달, 제도적 민주주의의 실현, 경제적 분업 증대 등과 같은 19세기의 주목할 만한 결과들은 인간 사회의 진화를 말해 주는 대표적 양상들이었다. 말하자면 자연환경에의 적응을 통해 진화해 나가면서 생명체가 한층 더 복잡하고 조밀한 조직과 기관을 지닌 뛰어난 유기체로 변모해 가듯이, 인간 사회도 그와 같은 진화론의 모델을 따라 운동하면서 정치 경제적으로 세분화된 복합 체계로 발전한다는 설명이다. 그와 같은 유의 패러다임은 생물학적 발견을 바탕으로 인간 사회를 보편 법칙으로 설명하려 한다는 점에서, 17-18세기 계몽주의적 사유와 비교할 때 현상적으로는 상이하지만 그 사유 구조에서는 본질적으로 동일해 보인다. 말하자면 인간 사회를 진화라고 부르는 생물학적 법칙으로 남김없이 설명하려고 한다는 점에서 또 하나의 총체적 합리성의 의지와 열망인 것이다.

　그런데 독일 지성계에서는 서구 사회를 지배해 온 위의 합리성 패러다임들이 근본적으로 비판을 받았고, 베버는 그와 같은 비판적 사상의 직간접적인 영향 속에서 자신의 합리화 이론을 구축할 수 있었다. 첫째, 1차 대전의 패전과 혼란으로 독일에서는 사회가 진화를 통해 발전한다는 낙관론을 고수하기 어려워졌고, 진화론으로 사회를 이해하려는 환원론이 힘을 잃어 갔다. 이제 사회는 생물학적 논리가 아니라 인간 고유의 것이라고 할 수 있는 문화적 논리 위에서 새롭게 이해되는 방향으로 나아가게 되는데, 이른바 '역사주의' 흐름의 형성이다. 둘째, 진화론이 만들어 낸 윤리적 자연주의도 비판의 대상이 되었는데, 윤리적 자연주의란 자연적 세계에 적용되는 운동 원리를 인간 세계의 규범적 원리로까지 확장하려는 태도를 의미한다. 가령, 동물 세계를 지배하는 논리를 이기적이고 배타적인 경쟁으로 파악하면서 그것을 인간 사회에도 동일하게 적용할 수 있다는 태도를 말한다. 이와 같은 환원론적 관점은 "존재와 당위, 사실 확인과 가치 판단을 구별하는"(하버마스 1권, 253) 신칸트주의에 의해 비판을 받았고, 베버는 그러한 신칸트주의 인식론적 전통의 반경에 놓여 있었다. 셋째, 베버는 독일의 역사주의가 사회를 바라보는 문화적 관점을 수용하면서도 그로부터 도출될 과도한 문화적 상대주의를 받아들이지는 않았다. 오히려 그는 문화적 보편주의, 그러니까 하나의 문화는 사회적 특수성 속에서 생성되었지만 그 경계를 넘어 다른 세계로도 확장될 수 있다는 사고를 지지했다. 구체적으로, 하버마스에 따르면 베버는 "모든 세계 종교에서 발견될 수 있는 합리화가 우선 유럽에서만 합리주의 형태로 등장했으며, 이 합리주의가 특수한, 즉 서구적인 근대성을 특징짓는 성격과 동시에 보편적인, 즉 근대성 일반을 특징짓는 성격을 보인다고 생각했"(하버마스 1권, 254-255)다는 것이다. 넷째, 서구 사회가 이룩한 과학과 기술의 성장과 진보는 19세기 사회 진화론의 관점에서 보면 대단히 긍정적인 발전의 지표일 수 있지만 베버는 그와 같은 과학과 기술의 합리성은 그 자체가 아니라 사회적 도덕의 차원과 연결될 때에라야 정당성을 부여받을 수 있다고 생각했다.

베버는 이러한 사상적 문제 지평과 방법론적 관점 위에서 자신의 사회학적 구조를 만들었고, 그 구조를 통해 근대 서구 사회를 분석했다. 우리가 앞서 살펴본 계몽주의 역사 철학과 사회 진화론의 관점에서 바라본 서구 사회는 특별한 위상을 갖지 않을 수 없다. 그러니까 계몽주의 역사 철학 속에서 근대 서구 사회는 자연과 우주와 사회에 대한 합리적 인식이 가장 이상적으로 구현된 문명이었다. 인류의 역사를 자연과 우주에 대한 신비주의적 사고에서 합리적 사고로의 이행으로 이해하고, 그와 같은 합리적인 사고가 관철되는 이상적인 사회의 형성 과정으로 해석한다면, 분명 근대 서구 사회는 그러한 합리적 역사 운동의 가장 정점에 도달한 세계가 아닐 수 없다. 또한 진화론적 논리에서 볼 때에도, 근대 서구 사회는 물질적 차원과 정신적 차원 모두에서 가장 고도로 분화된, 따라서 최고 진화의 단계에 도달한 사회적 생명체가 아닐 수 없다. 그러한 방식으로 근대 서구 사회는 역사 발전과 사회 발전의 합리주의적 차원에서 사회적 이데아로 나타난다. 이때 서구 사회는 다른 모든 역사와 사회의 발전을 평가할 수 있는 절대적 준거가 된다.

베버는 근대 서구 사회가 이룩한 문명적 성과가 어떻게 가능했는가를 추적하고자 했지만, 그것을 역사 철학과 사회 진화론의 관점에서 접근하지 않았다. 오히려 그는 근대 서구 사회를 탄생시킨 원리의 특수성에 주목하고자 했다. 말하자면 일렬로 늘어선 역사 발전과 사회 발전의 선분을 따라 더 발전하고 덜 발전된 문명으로 나누는 것이 아니라, 서구 사회와 비서구 사회를 다른 선분 위에 놓고 서구 사회가 근대 문명으로 나아간 문화적 특수성의 요인을 찾으려는 것이 베버 사회학의 근본적 문제의식이다. 베버는 그것을 서구적 합리주의로 명명한다. 물론 서구적 근대를 만들어 낸 그 요인은 서구에서만 형성된 것이지만, 비서구 사회 또한 그 원리가 만들어졌다면 서구 사회와 같은 근대성으로 나아갈 수 있다고 믿었다는 점에서 서구적 특수성은, 하버마스가 언급한 대로, 특수성에 머무는 것은 아니다.

하버마스에 따르면 베버는 서구적 합리주의의 다양한 양상을 인식했는데, 그 양상으로는 우선적으로 자본주의 경제의 등장과 국가의 분화를 들 수 있다. 자본주의 경제의 합리주의는, 가정이라는 사적 공간과 분리되어, 합리적 회계 방식과 투자 원칙, 효율적인 노동 투입과 과학의 기술적 이용을 실천하는 기업으로 구현되었고, 국가의 합리주의는 조세 체계, 상비군, 폭력의 중앙 독점과 관료제적 행정 체계로 실현되었다. 다음으로 문화적 합리주의인데, 그것은 경험적이고 양화적인 세계 관찰을 본질로 하는 과학 체계의 정립, 종교적 기능과 분리되어 자율적인 미적 가치를 추구하는 예술의 형성, 종교적 규범 체계로부터 분리되어 자율화된 도덕과 법체계의 등장으로 특징지어진다. 이어서 인성 차원의 합리주의를 말하는데, 조직적 생활 방식에 적합한 가치관과 행위 성향의 형성을 특징으로 한다.

그런데 베버는 이러한 범주로 구현된 서구의 합리주의를 가시적이고 다양한 현상 속에서만 관찰하려 하지 않는다. 그는 그러한 합리주의 현상들을 가로지르는 궁극의 원리를 찾아간다. 그것은 베버가 자신의 사회학에서 사회적 행위를 전통적 행위, 감정적 행위, 합리적 행위(목적 합리적 행위, 가치 합리적 행위)로 구분한 것에서 발견할 수 있다. 앞의 두 행위가 비합리적 행위이기 때문에 서구의 합리주의는 결국 목적 합리적 행위와 가치 합리적 행위 속에서 그 원리를 파악할 수 있다. 여기서 전통, 감정과 대비되는 행위 합리성이란 행위가 감정에 의해 맹목적으로, 또는 전통에 의해 무의식적으로 이루어지지 않는다는 것을 의미한다. 다시 말해, "익숙한 인습에 대한 내적 순응이 이해관계에 대한 계획적 적응으로 대체되는"(하버마스 1권, 275) 것을 말한다.

그와 같은 합리적 행위는 목적과 가치에 따라 둘로 구분된다. 먼저, 목적 합리적 행위는 달성하기 위한 목표, 그리고 그 목표에 도달하기 위한 수단을 기술적 관점에서 결정하는 행위를 의미한다. 기술적 관점이란, 프랑스의 철학자 엘륄Jacques Ellul이 이야기하는 것처럼, 가장 효율적인 방식을 정하기 위한 계산 과정을 의미한다. 다음으로, 가치 합리적 행위는 "예견될 수 있는 결과들을 전혀 고려하지 않고, 의무, 존엄, 미, 종교적 지침, 경건성, 또는 한 '사안' —그것이 무엇이든— 의 중요성이 그에게 명하는 바에 대한 자신의 확신에 따라 행위하는"(베버 1964, 18, 하버마스 1권, 276에서 재인용) 것을 뜻한다.

이러한 두 가지 원리가 결합해 사회적 삶 속에서 합리적 행위가 만들어지고 수행된다. 사회적 과정에서 사람들은 자신이 추구하는 목표와 수단이 규범이나 가치 원칙에 위반되지 않는지, 그러한 목표와 수단이 적절한 비용과 효과의 차원에서 선택되고 준비되었는지를 생각하면서 행위한다는 것이다. 하버마스의 해석에 따르면, 베버는 그와 같은 합리적 행위의 가장 이념형적인 모델을 서구의 칼뱅파 개신교와 청교도파의 금욕적 직업 윤리에서 발견할 수 있다고 주장했다. 그 두 종교적 믿음을 갖는 사람들은 목표와 수단에 대한 합리적 원칙에 따라 세속적 직업(돈을 벌어들이는 행위)을 수행하고, 종교적 구원이라는 규범과 가치 위에서 그와 같은 직업 활동의 정당성을 확보했다는 것이다. 그들의 행위는 "합리적이고 냉철하며, 세상에 몰입되지 않는 목적을 가지고 이루어지며, 성공은 신의 은총이 자리하고 있다는 징표"(하버마스 1권, 278)로 해석되었다. 우리는 베버가 프로테스탄트 직업 윤리를 깊이 있게 성찰하고 그로부터 서구적 차원에서 합리적 행위의 기원을 찾으려 한 것을 그러한 논리에서 이해할 수 있다.

이와 같은 방식으로 베버는 서구 근대적 합리주의의 다양한 현상들을 일관되게 설명할 수 있는 행위 원리를 구축했다. 그러니까 경제, 정치, 문화, 인성 차원에서의 합리적 행위 양식들은 궁극적으로 목적 합리적 행위와 가치 합리적 행위의 결합으로 형성된 것들이라는 말이다. 그런데 하버마스에 따르면, 여기서 베버는 한 단계 더 진입하는데, 서구에서 그와 같은 합리적 행위 원리가 실천될 수 있기 위해서는 본질적으로 사람들의 마음속에 세상을 바라보고 이해하는 관점이 합리적인 형식과 내용으로 내재되어 있어야 한다는 것이다. 하버마스는 이것을 '세계상의 합리화'로 개념화했다.

삶이란 물질적 차원과 정신적 차원으로 구성되는데, 말하자면 사람들은 특정한 물질적 가치를 추구하면서, 그리고 일정한 정신적 가치를 지향하면서 삶을 살아가고 있다. 가령, 부라는 물질적·세속적 관심과 함께 죽음 이후의 구원과 같은 정신적·초월적 관심을 욕구하면서 삶을 영위한다는 것이다. 하버마스는 그것을 물질적 이해 관심과 이념적 이해 관심으로 정의하고 있다. 그런데 그러한 두 가지 이해 관심은 서로 무관하지 않다. 물질적 이해 관심의 추구는 이념적 이해 관심에 의해 타당하고 정당한 의미를 갖추게 되기 때문이다. 하버마스가 인용하고 있는 베버의 주장을 보자면, 베버는 세 유형의 질서를 구분한다. 목적 합리적 동기에 따르는 질서, 인습적 원리를 따르는 질서, 규범성에 입각한 질서가 그것이다. 베버는 그 셋 중에서 목적 합리적 동기의 질서는 인습성을 따른 질서보다 불안정하지만, 그 인습적 질서는 규범성을 따르는 질서보다 훨씬 더 불안정하다(하버마스 1권, 300)고 주장했다. 물질적 이해 관심이 아무런 정당화 논리 없이 추구되는 경우는 안정적인 행위 과정을 만들어낼 수 없는데, 그렇다면 인습, 그러니까 늘 그렇게 진행되어 왔다는 전통적 논리로라도 뒷받침하는 것이 더 낫다는 말이다.

그러나 그것보다는 자신의 물질적 이해 관심을 추구하는 행위를 타당한 논리적 틀 속에서 설명하는 것, 즉 정당성을 갖출 때 가장 안정적으로 행위할 수 있다. 우리는 그 세 번째를 합리성으로 말할 수 있다. 결국, 모든 인간은 자신의 물질적 이해 관심을 설명해 내는 내적 원리로서 세계상을 가지고 있다. 어떤 사람은 그것을 맹목적으로 추구하고, 다른 사람은 관습과 전통의 논리를 통해 설명하며, 그리고 또 다른 사람은 합리적 논리로 정당화한다. 각자는 그렇게 다른 세계상을 지니고 있는데, 우리는 세 번째를 세계상의 합리화라는 개념으로 정의할 수 있다. 하버마스가 "전통적 사회에서는 새로운 이념들, 새로운 근거들, 그리고 새로운 정당화 수준들이 규제된 논증의 형식으로 발생하지 않는다"(하버마스 1권, 303)라고 말하는 것에서 알 수 있는 것처럼, 합리화란 논리적인 차원에서 타당한 설명의 틀로 자신의 행위를 설명하는 과정이다.

물질과 세속적 가치 추구에 관계하는 인간의 행위는 근본적인 차원에서 종교적 세계관과 밀접히 연결되어 있다. 종교는 모든 문명에서 인간 사고와 행위의 근본을 이루는 것이기 때문이다. 그 점에서 베버는 세계 종교들의 특성을 분석하고 있다.

베버에게서 종교는 삶과 세상을 바라보는 일정한 관점과 해석의 틀을 제공하는데, 가령 인간의 삶이 초래하는 고통, 세계 구성과 운동 원리, 세속적 삶의 태도에 관한 인식의 틀을 들 수 있다. 이와 같은 인식 틀은 궁극적으로 인간이 자신을 둘러싼 삶과 세상에 대해 어떠한 실천적 사고와 행동 원칙을 갖는가에 영향을 미친다. 그러니까 세속적 세상에서 물러나 있는 방식과, 그와 반대로 적극적으로 세상을 지배하려는 방식이 있을 수 있고, 같은 맥락에서 세상을 멀리서 관조하는 태도와 그와 달리 세상에 적극적으로 적응하려는 태도가 있을 수 있다. 하버마스의 해석에 따르면, 베버는 이러한 종교적 세계상이 합리화 형식을 갖추기 위해서는 주술적, 신화적 사고의 극복이 이루어져야 한다고 주장했다. 주술적, 신화적 사고란 절대자에 대한 막연한 인식 속에서 맹목적으로, 말하자면 아무런 논리적 근거 없이 자신의 소망을 기원하려는 태도를 의미한다. 그와 달리 합리적 사고란 절대자를 소통할 수 있는 인격적 존재로 인식하면서 논리적 근거 위에서 자신의 바람을 기원하는 태도다. 여기서 인간은 신비로 둘러싸인 신에게 무조건적으로 복종하는 것이 아니다. 그는 인격체로서의 신의 명령을 내면화하고 도덕화한다. 말하자면 신과의 관계에서 윤리적 주체로 선다는 의미다. 우리는 이것을 신념 윤리의 형성이라고 말한다.

서구의 프로테스탄트는 그처럼 탈주술적, 탈신화적 태도 위에서 세계상의 합리화를 실현해 내고 인간을 윤리적 주체로 정립해 내었다. 그러한 존재야말로 근대적 정신의 주체다. 종교개혁의 문을 연 루터Martin Luther가 설파한 새로운 구원의 길은 궁극적으로 신과 인간을 인격적 소통의 관계로 전환해 내는 과정이었고, 그 속에서 인간은 성직자에게 의존하지 않고, 신의 의지와 명령을 스스로 내면화하면서 구원을 위해 노력하는 존재로 다시 태어난다. 그와 같은 근대적 인간은 가장 세속적인 삶, 즉 돈을 버는 행위에 대해서도 신의 명령이 만들어 낸 신념 윤리를 통해 논리적으로 설명하고 정당화하고자 했다. 프로테스탄트는 세속적 삶에 대해 신념 윤리의 차원에서 가장 명쾌한 정당화 논리를 제공해 주었다. 프로테스탄트 이전의 종교적 교리는 사실상 상업 행위에 대해서까지 정당화의 논리를 만들어 내지는 못했다. 베버에 따르면 오히려, "영리를 추구하고자 하는 자본주의 정신을 도덕적으로 추악한 것으로 규정하여 배척하거나, 적어도 윤리적으로 긍정적인 것으로 평가하기를 거부

하는 것이 지배적인 견해였다."(베버 2019, 106)

베버는 개신교의 여러 분파들, 즉 칼뱅주의, 경건주의, 감리교, 재세례파 운동 등의 여러 분파들의 교리 분석을 통해, 그 분파들을 넘어선 공통적인 가르침이 존재한다고 주장했다. 그것은 믿는 자들은 그렇지 못한 자들과 달리 신의 축복을 받은 '은혜 상태'를 부여받는데, 그 은혜 상태는 비합리적인 주술적 행위, 가령 고해성사, 성스러운 의례에의 참여 등을 통해서가 아니라 특별한 행위 양식으로 확증되는 믿음의 삶에 의거해서 얻을 수 있는 것이라는 가르침이었다. 그 특별한 행위 양식은 "자신의 실천적인 삶을 금욕주의에 입각해서 체계적으로 조직하여 행함으로써 그렇게 해서 얻어진 열매들을 통해서 자신이 '은혜 상태'에 있다는 것, 즉 자신의 '구원의 확실성'을 확증하고자 하는"(베버 2019, 299) 것이다. 현세에서 금욕주의적 체계화의 삶을 살아가야 하는 신앙인은 시간을 낭비해서는 안 되고, 자신의 육체적 욕망을 채우는 일에 돈을 소비해서도 안 되며, 심지어 지나치게 많은 수면을 통해 하루를 헛되게 쓰는 것도 허용되지 않았다. 신앙인은 금욕을 통해 저축된 시간, 욕망, 수면을 합리적인 노동으로 채워야 하는 윤리 의식을 부여받았다. 그렇게 해서 금욕과 합리적인 노동이야말로 자신이 신으로부터 은혜 상태, 즉 확실한 구원을 받았다는 징표가 되는 것이다. 그렇게 보면, 금욕과 합리적인 노동을 통해 물질적 재화를 얻고 축적했다고 하더라도 사실상 그것이 목적은 아니다. 돈을 버는 행위는 그 자체로 정당화되는 것이 아니라 종교적 구원의 관점에서 정당화의 논리를 얻는다. "독실한 신자라면 당연히 그런 기회를 사용해서 이윤을 획득하여 하느님의 뜻이 이루어지게 해야 한다고 생각"(베버 2019, 323)한다. 즉 상행위는 공리주의적인 논리가 아니라 의무론적 논리 위에 성립한다.

프로테스탄트의 종교적 세계관에서 유래하는 신념 윤리, 즉 세속적 삶을 어떻게 영위해야 신적 기준에서 바람직하고 소망스러운가에 관한 도덕의식과 행위 양식은 궁극적으로 서구 자본주의 정신의 모태가 되었다. 이것이 베버가 『프로테스탄트 윤리와 자본주의 정신』에서 입증하려는 입론이었다. 부의 획득을 종교적으로 정당화하기 어려웠던 지난 윤리 의식이 프로테스탄트 세계관을 지나면서 새로운 직업 윤리로 전환되었다. 이제 (개신교를 믿는) "시민 계층의 기업가는 사업과 관련해서 외적으로 지켜야 할 것들을 지키고 자신의 행실이 도덕적으로 문제가 없으며 자신의 부를 비난받을 일에 사용하지만 않는다면 하느님의 가시적인 복을 확실하게 받으면서 하느님의 충만한 은혜 가운데서 자신의 영리적인 이득을 추구해 나갈 수 있었을 뿐만 아니라 그렇게 하는 것이 그들의 종교적인 의무가 되었다."(베버 2019, 365) 그에 더해 프로테스탄트는 노동을 하느님이 자신들에게 명한 소명이라고 생각하는 종교적 금욕주의로 무장한 노동자들을 자본주의에 공급했다(베버 2019, 365).

프로테스탄트 윤리에 연결된 정당성을 부여받은 자본주의는 근대 서구인의 삶 전체에 영향을 미치는 가장 근원적인 환경으로 성장해 나갔다. 자본주의가 얼마나 서구 사회의 지배적인 원리가 되었는가에 대한 베버의 해석을 보면 놀라울 정도다. "하나의 거대한 세계로서 자본주의" 속에서 모든 개인이 태어나고 아무도 벗어날 수 없는 공간으로 자리하고 있다. 자본주의 규범의 준수는 일종의 당위가 되고 있는데, 만약 그 규범을 지키지 않는 사람, 노동자라면 "거리로 내쳐져서 실업자가 되고", 자본가라면 "반드시 망해서 이 경제 질서에서 배제된다."(베버 2019, 75)

베버의 이러한 묘사가 말해 주는 것처럼, 서구의 근대 자본주의는 모든 사람에게 자신의 행위 규범에 대한 엄격한 준수를 강제해 왔다. 기업가와 노동자를 막론하고 모두가 지켜야 하는 규범이란, 베버의 행위 유형으로 이야기하자면 목적 합리적 행위 원리다. 그것은 공리주의적 인간을 만들어 내는, 자신만의 이기적이고 배타적인 욕망을 달성하게 하는 "비형제애적" 원리다. 최대한의 물질적 성과를 유일하고 절대적인 목표로 설정하게 되는 자본주의는 금욕주의 윤리를 벗어던지고 스스로 자율적인 욕망의 체계로 변질되었다. 이 문제와 관련해 베버는 "자본주의는 금욕주의라는 지지대가 필요하지 않"게 되었고, "소명으로서의 직업 사상도 옛 종교와 신앙의 '망령'이 되어 우리의 삶 속에 서성이고 있을 뿐, 실질적인 힘을 발휘하지는 못하고 있다"(베버 2019, 275)는 암울한 진단을 내리고 있다. 나아가 인간은 물질과 돈으로 자기 정당화를 하는 자본주의를 벗어날 수 없는 상태로 들어갔다. "재화는 점점 더 강력한 힘으로 인간을 지배하게 되었고, 결국 인간이 그 힘에서 벗어나는 것은 불가능하게 되어 버렸는데, 이것은 이전의 역사에서 유례가 없는 일이" 되었다. 여기서 '강철로 만든 쇠창살'이라는 베버의 유명한 비유가 등장한다(베버 2019, 275).

서구의 근대 자본주의와 그것으로부터 파생된 제도 ―대표적으로는 관료제― 속에서의 삶에 대한 베버의 진단은 대단히 암울하다. 그것은 종교적 세계상에서 유래하는 금욕주의 윤리를 벗어던진, 그야말로 물질적 재화를 향한 절대적 욕망들의 적나라한 체계를 벗어나기 힘들다는 평가로 이어진다. 나아가 베버는 그러한 서구 자본주의 체계로부터 해방될 수 있을지, 누가 그러한 임무의 주체가 될지에 대한 전망에 대해서도 어두운 평가를 내리고 있다. "쇠창살"로 묘사되는 세상에서 살아갈 두려움이 엄습하지만, 그 닫힌 세상을 벗어날 가능성에 대해서는 결코 자신 있게 말할 수 없다. "지금까지와는 완전히 새로운 예언자들이 출현하게 될 것인지, 아니면 옛 사상과 이상이 다시 부활하여 강력한 힘을 발휘하게 될 것인지, 또는 이것도 저것도 아니라면 자포자기 상태에서 극도의 자존감으로 장식된 기계적이고 화석화된 인류가 출현하게 될 것인지는 아무도 알 수 없다"(베버 2019, 377)는 비관적 진단만이 제시되고 있다.

　하지만 가치 합리성과 목적 합리성이 유기적으로 결합되어 형성된 서구 자본주의의 윤리가 배타적인 목적 합리성의 체계로 변질되었다는 ―하버마스가 '의미 상실 명제'와 '자유 상실

명제'로 표현하는— 이러한 어두운 전망에 하버마스는 동의하지 않는다. 그에 따르면, 베버의 문제는 자본주의 정신을 형성한 서구 근대정신으로서 합리성을 목적 합리성이 관철되어 가는 과정으로만 해석하고 있다는 것이다. 베버는 초기 자본주의 정신의 탄생과 관련해 가치 합리성과 목적 합리성이 유기적으로 연결된 신념 윤리를 강조했지만, 이후 자본주의의 자기 성장 과정에서 목적 합리성이 지배적 원리로 되어 갔다는 평가를 내리고 있다. 그것은 근대 자본주의의 외적 형식으로서 법에 대한 베버의 이해에서 명확히 드러난다고 하버마스는 이야기한다.

19세기 후반 서유럽 자본주의의 위기는 자본과 국가의 불가피한 협력 관계, 나아가 국가에 의한 자본의 지배로 그 돌파구를 마련했다. 서구 국가는 광범위하고 조밀한 관료제 행정 체계의 구축으로 자본주의의 요구에 적절히 대응해 나갔다. 본질적으로 관료 행정에서 결정 과정과 절차, 권한과 책임은 법률적 형식에 의해 명확하게 규정되어 작동되었고, 그 위에서 국가적 지배의 정당성이 도출되었다. 그 속에서 인격, 윤리, 도덕, 자의성, 배려와 같은 인간적 요소는 철저히 배제되어야 했고,

오직 정해진 법률적 규칙의 기준만이 적용되어야 했다. 베버가 『경제와 사회』에서 정당한 지배의 근대적 유형으로 설명한 '합법적 지배legal domination'가 그것인데 우리는 여기서 하버마스가 말한, 합법적 지배를 작동하게 하는 근대 법체계의 세 요소로서 실정성(하나의 객관적 사물처럼 존재하는 법률적 형식), 합법주의(행위의 도덕성과 법률적 사실성의 분리), 형식성(명문화된 법적 규정에 근거한 제재)을 인식한다. 하버마스에 따르면, 이와 같은 합법성과 그것의 구현으로서 관료제적 지배는 일정한 목표를 달성하기 위한 목적 합리적 행위 원리가 실현된 것이다. 하버마스의 설명에 따르면, 베버는 근대법의 특질을 규명하려고 하면서 법의 주요한 특질 중 하나인 "도덕적-실천적 측면(정당화 원칙)"을 간과한 채 "인지적-도구적 측면(제정 원칙)"만을 고려하는 오류를 범했다. 베버는 근대적 법의 발달이 가져온 진보를 "형식적 합리성의 관점에서만 파악한다"(하버마스 1권, 400)는 것이다.

그러나 하버마스에 따르면, 근대적 법은 단순히 목적 합리성의 원칙 위에서 제정되고 작동하는 것이 아니다. 다시 말해, 근대적 법률이 정당성을 얻는 것은 내적 실정성과 형식성에 기반해서가 아니라, 그 법률이 "**합리적 토대** 위에 서 있다는 **신뢰**"(하버마스 1권, 398. 강조는 원문)에 근거한다. 그가 말하는 이 합리적 토대는 형식적 합리성과는 다른, "윤리적 합리성"(하버마스 1권, 399)이다.

이 문제로부터 도출되는 하버마스의 주장은 궁극적으로, 베버가 서구 근대 자본주의와 법률-행정 체계의 합리성을 목적 합리성의 차원으로만 해석했다는 비판으로 귀결된다. 베버는 합리성을 '인지적-도구적 합리성', '미학적-실천적 합리성', '도덕적-실천적 합리성'으로 이해하면서도 서구 근대의 정치 경제적 운동을 목적 합리성에 대응하는 인지적-도구적 합리성으로만 파악하는 오류를 범하고 있다는 것이다. 그러한 이론적 한계는 베버의 행위 이론으로부터 유래한다. 따라서 하버마스는 베버 "행위 이론상의 기본 개념에서 협착 지점들을 찾아내"(하버마스 1권, 403)고자 하고, 새로운 행위 이론인 '의사소통적 행위'와 그 행위에 내재하는 합리성에 대한 사유를 통해 그 문제를 돌파하고자 한다.

3장
베버의 합리적 행위자 모델 비판과 대안:
고독한 주체에서 소통하는 주체로

이해 사회학comprehensive sociology이라 불리는 베버의 사회학은 행동과 행위를 구별하는 데서 시작한다. 생물학적 동인에 의해 일어나는 기계적이고 본능적인 신체적 운동을 행동behavior이라고 부른다면, 그러한 행동에 대해 행동 주체가 일정한 해석을 필요로 하는 의미를 부여할 때 그것을 행위action라 부른다. 베버 사회학의 핵심 개념인 행위 개념은 이러한 구분에서 멀지 않다. 베버는 "주체들이 자신의 행동에 주관적인 의미를 결부시킬 때" 행위가 된다고 말한다. 여기서 관찰 대상으로서 행동과 이해 대상으로서 행위가 구별되고, 이해 사회학의 문제의식이 드러난다. 이해 사회학은 "어떤 행위가 단수, 또는 복수의 행위자가 생각한 의미에 따라 타인의 행위에 관계되며 그 경과에 있어서 타인의 행위에 지향되는 그러한 행위"를 의미하는 사회적 행위를 해석하려 한다(베버 1997, 118).

베버의 이해 사회학은 19세기 후반 독일에서 부상한, 딜타이, 리케르트, 짐멜Georg Simmel로 이어지는 반反실증주의 흐름에 포함할 수 있다(아우드웨이트 1984, 1-2). 17세기 근대 자연 과학 혁명 이래 서구 근대는, 앞서 인용한 콩도르세의 사상을 통해 알수 있듯이, 자연과 마찬가지로 사회와 역사에도 보편 법칙이 존재하고, 인간은 과학적 방법을 통해 그 법칙을 인식할 수 있다고 믿었다. 그러한 지적 자신감은 19세기 중반, 그러니까 자연 과학 지식의 물질적 응용으로서 산업 혁명이 서구 사회를 압도할 때 실증주의라는 지적 모델로 구현되었다. 실증주의 철학의 시조로 알려진 콩트Auguste Comte가 역사와 사회 운동에 관한 세 법칙(형이상학적 질서, 신학적 질서, 실증적 질서)을 발견했다고 주장한 것에서 그 대표적 양상을 만날 수 있다. 그와 같은 실증주의가 역사와 사회에 대한 보편적 법칙을 규명할 수 있다고 생각한 것에는, 근본적인 차원에서 인간에 대한 특정한 인식 원리가 놓여 있었다. 바로 인간은 과학적 관찰에 의한 인식 대상이라는 원리다. 과학적 관찰이란, 한 대상의 운동을 그 대상을 둘러싸고 있는 환경 조건과의 상관성, 또는 인과성으로 파악하고, 그러한 파악이 누적되는 과정 위에서 법칙을 발견하려는 태도를 뜻한다. 물질의 운동이 물리적 환경의 상관물이고, 동물의 운동이 생물학적 환경의 상관물인 것처럼, 인간의 운동 또한 사회적 환경의 상관물이다. 이러한 실증주의 관점에서 물질과 동물과 인간은, 각각 존재하는 환경은 다르지만 운동 원리에서 근본적으로 구별되지 않는다. 궁극적으로 그것들의 운동은 모두 자신을 둘러싸고 있는 환경 조건의 반응 함수다.

하지만 19세기 후반 독일의 지성들은 그러한 실증주의적 인간관에 동의하지 않았다. 그들에게서 인간은 사회적 환경이 만들어 내는 자극에 직접적으로 반응하는 존재가 아니다. 인간은 자신의 내적인 반성과 의미화라는 주관적 과정을 통해 외부의 자극을 해석한 뒤 운동하는 존재이기 때문이다. 그러니까 베버의 용어를 사용한다면 인간은 행동하는 존재가 아니라 행위하는 존재다. 그러므로 사회학은 인간 행위의 외적인 상관 요인, 또는 인과적 요인을 관찰하는 학문이 아니라, 특정한 행위를 수행하기 위한, 인간의 내적 의미화 과정을 해석하는 학문으로 정의된다. 베버는 『경제와 사회』에서 이해의 개념을 명확히 했다. 그는 자연 과학의 '설명' 개념과 대비되는 것으로 이해 개념을 배치하면서 인간과 사회를 파악할 수 있는 고유한 원리로 규정하고 있다. 그의 비유를 따른다면 생물체의 세포는 관찰과 설명의 대상이지만 인간의 행위는 이해의 대상이다(베버 1997, 134). 말하자면, 이해란 대상의 외적 움직임을 넘어 그 대상 내부의 의미로 들어가는 과정이다.

베버는 이해의 대상이 되는 사회적 행위 개념을 보다 명확히 하려 한다. 가령, 의미를 부여하는 행위라고 하더라도, 명상, 혼자서의 기도 등, 타인에게로 지향되지 않는 행위는 사회적 행위가 아니다. 생산과 소비 등, 경제적 행위 또한 타인을 고려하는 조건 속에서만 사회적 행위가 된다. 나아가 타자와의 관계 속에서 이루어진 행위라고 하더라도, 예컨대, "자전거를 탄 두 사람의 충돌"은 서로에 대해 아무런 의미 지향 없이 이루어진, 일종의 물리적 부딪힘에 불과한 것이기 때문에 사회적 행위가 아니다. 충돌 뒤에 서로에게 비난을 가하거나 화해를 모색하는 관계가 시작됨으로써 사회적 행위가 발생한다. 그렇다면 우리는 하나의 행위가 타인과의 관계 속에서 일정한 의미를 지닐 때 그것을 사회적 행위라고 말해야 한다.

베버는 사회적 행위를 이렇게 정의한 뒤, 앞서 살펴본 것처럼, 그 행위를 목적 합리적 행위, 가치 합리적 행위, 감정적 행위, 전통적 행위로 유형화하고 있다. 인간은 타자와의 관계 속에서 이러한 네 가지 유형의 사회적 행위를 수행하며 살아간다. 여기서 베버의 행위자는 자신의 의식 세계에서의 판단에 기초해 목적 합리적이거나, 가치 합리적이거나, 감정적이거나, 전통적으로 행위한다. 행위자의 주관적 의식 속에서 의미 지향되어 수행된 행위들은 '목적', 그 목적에 도달하기 위한 '수단', 그 목적과 수단의 '가치', 그렇게 도달된 '결과'라는 네 차원에 영향을 미친다. 하버마스는 이를 다음의 표로 정리하고 있다.

베버의 행위 유형 분류

합리성 감소의 정도에 따른 행위 유형	주관적 의미가 다음 요소들에까지 미친다			
	수단	목적	가치	결과
목적 합리적	+	+	+	+
가치 합리적	+	+	+	−
감정적	+	+	−	−
전통적	+	−	−	−

(하버마스 1권, 419)

하버마스가 해석한 이 행위 분류법에 따르면, 목적 합리적 행위는 "분명하게 구별되는 **가치** 지평에서 **목적**을 선택하고, 나타날 수 있는 여타의 **결과**를 고려하면서 적절한 **수단**을 조직"(하버마스 1권, 419. 강조는 원문)한다. 그러니까 목적 합리적 행위는 행위에 관여하는 모든 요소에 대해 명확한 기준 속에서 생각하고 선택한다는 것이다. 이는 행위자의 의식이 행위가 관여하는 모든 차원에서 합리적 원칙을 적용한다는 말이다. 그에 비해 가치 합리적 행위의 경우, 행위자의 의식은 행위가 산출하게 될 결과에 대해서는 합리적 원칙을 적용하지 않는다. 목적과 가치에 합리적인 의미를 부여하고 그 수단의 선택 또한 합리적인 계산을 통해 조직하려 하지만, 그 결과에 대해서는 합리적 의식이 관여하지 않는다. 또 감정적 행위는, 추구하는 목적과 수단을 합리적으로 선택하지만 가치와 결과에 대해서는 의식이 관여하지 않는다. 마지막으로 전통적 행위는 수단적 차원만을 제외하고 목적과 가치와 결과에 대해서는 의식적으로 고려하지 않는다. 앞 표와 관련해 우리는 하버마스의 주장을 따라 이렇게 말할 수 있다. "베버가 제안한 행위 유형들의 순서대로 행위 주체 의식의 폭은 점점 좁아진다. 가치 합리적 행위에서는 결과가 주관적 의미로부터 차단되고 합리적 통제에서 벗어난다면, 감정적 행위에서는 결과와 가치가, 그리고 사실적으로 습관화되어 있을 뿐인 행위에서는 목적마저도 그렇게 된다."(하버마스 1권, 419)

하버마스가 볼 때 베버의 행위 이론은 크게 두 가지 전제 위에 서 있다. 첫째, 베버의 행위자는 타자와의 의사소통을 수행하지 않는, 오직 자기의식 내부에서만 합리성을 고려하고 판단하는 존재다. 그는 마치 상대 죄수와의 어떠한 소통도 가능하지 않은 고립된 독방에서 자신의 죄를 고백해야 하는가, 하지 않아야 하는가를 고민하는 죄수와 같다. 그는 상대 죄수가 어떠한 선택을 할 것인가를 고민하면서 자신의 선택 가능성들을 합리적으로 따져 보지만 실제로 상대와 의사소통을 수행할 수는 없다. 이러한 문제 지평에서 하버마스는 자신의 행위 이론과 베버 행위 이론의 근본적 차이를 드러내고자 한다. 베버는 의미의 차원에서 행동과 행위를 구분한다. 행위란 "행동하는 자가 그것과 어떤 주관적 의미를 결부시킬 때" 발생한다. 그런데 베버의 그 행위 주체는 상호성과 무관한 고립적 존재라고 하버마스는 말한다. 베버의 행위자가 자신의 행위에 부여하는 의미는 타자와의 관계 속에서가 아니라 스스로의 내적인 생각과 의도에서 나온다는 것이다. 하버마스는 바로 그 지점에서 베버의 행위 이론과 자신이 생각하는 의사소통 행위 이론이 갈라선다고 주장한다. 그러니까 베버의 행위 이론은 "언어 및 행위 능력이 있는 두 명 이상의 주체들 사이에서 이루어지며 언어적 상호 이해를 요청하는 상호 관계가 아니라, 고독한 행위 주체의 목적 활동이 근본적인 사실로 여겨진다"(하버마스 1권, 416)는 것이다.

하버마스에 따르면, 베버의 행위 주체가 활동하는 무대는 '두 사람 이상이 모여서 의견을 나누는 세계'가 아니다. 그곳은 한 행위자가 자기 머릿속에서의 사고와 계산을 통해 자신의 목적과 의도를 달성하려는 장소다. 물론 행위자는 자신의 목표를 성취하기 위해 타인을 향해 자신의 언어를 구사하고, 그 언어는 명백히 '의미'를 담고 있다. 하지만 하버마스에게서 그 의미는 진정한 차원에서의 '의미'가 아니다. 오히려 그것은 "의도주의적인 의식"의 표출일 뿐이다. 하버마스가 생각하는 참된 의미는 자기의 의식 내부에서 시작해서 타인을 향해 일방적으로 전달되는 언어 과정이 아니라, 그 시작에서부터 타인의 존재와 생각과 의도를 전제로 만들어지고 교환되는 언어 과정을 통해 생성된다. 바로 그렇기 때문에 하버마스는 베버의 행위는 의사 소통 행위 관점에 다다르지 않고 있다고 해석한다.

이러한 시각에 비추어 보면, 첫째, 베버의 네 사회적 행위를 수행하는 행위자는 자신이 달성하고자 하는 목표를 고립적인 자기의식 속에서 생각하고 결정한 뒤에 행위한다. 물론 그는 자신의 목표 달성을 위해 타인을 향해 일정한 의미를 지향할 테지만, 하버마스가 볼 때 그것은 자신만의 내적 세계에서의 의미 지향일 뿐, 자신과 타자 사이에서 서로 만들어 가고 공유 하는 공통의 세계 속에서의 의미 지향은 아니다. 둘째, 베버의 행위 이론은 합리성, 또는 합리적 사고를 지나치게 일면적으로 해석하고 있다. 그는 사회적 행위 유형에 감정적 행위와 전통 적 행위를 포함하면서도, 그 두 행위가 종종 사회적 행위의 조 건인 '의미 있게 지향된 행위'의 경계를 벗어나고 있다고 주장 한다. 엄격한 의미에서 사회적 행위 영역의 경계에 서 있는 행 위라는 것이다. 전통적 행위는 "우리가 대개 '의미 있게' 지향된 행위라고 부를 수 있는 것의 바로 그 한계에 서 있고, 이 한계를 넘어서는 경우가 빈번하며, '감정적인 행위'는 '전통적인 행위'

와 마찬가지로 의식적으로 '의미 있게' 지향된 것의 한계에 서 있으며, 이 한계를 넘어서는 경우가 빈번하다."(베버 1997, 417) 습관에 지배되는 전통적인 행위는 아마도 반복적으로 발생해 자동화된 습관으로 행위의 거의 모든 과정을 수행한다는 점에서 합리적 의식과 멀리 떨어져 있으며, 감정적인 행위는 외부의 자극에 대해 의식적 고려 없이 그때그때의 상황 속에서 즉각적이고 반사적으로 행위를 수행한다는 점에서 역시 합리적 의식과 거리를 두고 있다. 이와 같은 행위 유형은 엄격한 차원에서 사회적 행위 모델에 포함하기가 쉽지 않다. 그러한 행위들은 사실상 사회적 행위 과정에서 예외적인 양상으로만 나타나는 행위에 불과하기 때문이다. 따라서 핵심적인 문제는 목적 합리적 행위와 가치 합리적 행위로 모아진다. 그런데, 합리적 의식이라는 차원에서, 베버는 목적 합리적 행위와 가치 합리적 행위를 동등한 무게로 고찰하지 않는다. 앞의 표가 말해 주듯이, 가치 합리적 행위는 나타날 결과에 대한 합리적 고려 없이 행위를 수행하기 때문이다. 그 점에서 행위의 모든 과정에서 합리적 사고가 관철되는 목적 합리적 행위가 합리적 행위의 궁극적, 또는 완결적 모델이 된다.

베버가 이야기하는 행위자는 구원에 대한 확증을 얻기 위해 모든 시간과 노력을 합리적으로 배치하고 활용해야 한다고 자신의 내부에서 독백적으로 생각하고 판단한 개신교 신도의 모델이기도 하다. 그는 신과 자신의 내적 세계에 몰두하고 있고, 자신의 구원과 관련해 이웃과의 어떠한 의사소통 의지를 지닌 인물이 아니다. 구원을 위해 행위의 모든 과정을 합리적으로 조정하고 실천하지만, 그는 고립적인 주체로 머물고 있다.

하버마스는 베버가 그러한 전제 위에서 행위 합리성을 바라보고 있기 때문에 합리성의 또 다른 차원을 놓칠 수밖에 없다고 진단한다. 그는 고립적 주체가 관여하는 목적 합리성의 차원에서만 합리성을 이해하려 했기 때문에 주체와 주체 사이에서 작동하는 합리성에 대해서는 전혀 고려하지 못했다는 말이다. 그러한 문제의식에서 하버마스는 합리성의 또 다른 차원을 이해하기 위해 대안적 행위 분류를 시도하고 있다. 그는 고립적인 주체의 합리적 행위 모델과 함께 사회적 관계 속에서의 합리적 행위 모델을 구분한다. 행위 합리성은 홀로 생각하는 주체의 사고와 판단 영역에서 운동하기도 하지만, 자신과 타자와의 사회적 관계 속에서 작동하기도 한다는 말이다. 여기서 하버마스는 사회적 관계를 '이해관계'로 묶인 사회적 관계와 '규범적 동의'로 연결된 사회적 관계로 나눈다. 그리하여 아래와 같은 분류 도식이 도출된다.

하버마스의 대안적 행위 분류

행위 상황 / 행위 태도	성공 지향적	이해 지향적
비사회적	도구적 행위	
사회적	전략적 행위	의사소통적 행위

(하버마스 1권, 423)

여기서 도구적 행위와 전략적 행위는 모두 베버가 이야기한 목적 합리적 행위 범주에 포함되는 유형이지만, 도구적 행위가 사회적 관계가 아닌 상황 속에서 ―기계를 활용해 빠른 속도로 무엇인가를 만들어 내는 행위를 예로 들 수 있다― 수행되는 것이라면, 전략적 행위는 가령, 계약을 맺기 위해 협상을 시도해야 하는 사회적 관계에서 수행되는 행위 유형이다. 이 두 행위 유형은 행위자가 자신의 목적을 달성하기 위해 모든 절차와 수단과 과정에서 합리적 계산과 전략을 적용해야 한다는 점에서 모두 성공 지향적 행위 태도라고 규정할 수 있다. 그렇지만 전략적 행위는 도구적 행위와는 달리, 자기 전략의 변수로서 상대방을 마주하고 있기 때문에 사회적 행위 상황에 놓여 있다고 말할 수 있다. 그 반대편에 의사소통적 행위가 있는데, 그것은 자신의 특정한 이익이나 목표 달성이라는 성공 지향적 행위가 아니라, 사회적 관계를 이루고 있는 사람들 사이 공통의 원칙이나 규칙을 만드는 것에 관여하는 행위다. 가령, 한 사회 조직의 규칙을 만들기 위한 회의를 이야기할 수 있다. 그 경우, 자기만의 목적 합리성을 따라 행위해서는 곤란해 보인다.

이처럼 고립적 행위 모델이 아니라, 상호적 행위 모델을 고려한다면, 우리는 합리성의 새로운 의미와 기능을 생각해 볼 수 있다. 자신의 목적과 필요를 달성하기 위한 전략적 합리성이 아니라 함께하는 사람들 사이에서 의견을 조정하고 갈등을 풀어 가며 합의에 도달하는 데 관여하는 합리성이다. 이러한 문제의식과 관련해 하버마스는 단일한 행위 주체가 자신의 목적을 달성하기 위해 수행하는 행위를 "고독한 행위자의 원자론적 모델"로 정의하면서, 그러한 모델의 한계를 지적한다. 그러니까 그 모델은 "하나의 세계를 가정하는 존재론에 기초해서 행위를 파악하며, 사회적 상호 작용에 본질적인 행위자-세계의 관계는 소홀히 한다"는 것이다. 그럼으로써 그 모델에서는 "목적-수단 관계의 합리성이 전면에 선다."(하버마스 1권, 408)

이러한 두 차원의 합리성은 우리가 앞서 살펴본 법에 대한 이해에서 명확하게 드러난다. 정당한 지배의 근대적 원리와 관련해 베버는 법률의 형식적 합리성에서 그 궁극적 원리를 찾고 있지만(Habermas 1997, 15-16), 하버마스에 따르면 근대법이 정당한 지배를 만들어 내는 것은 그 법이 목적 합리성의 구현을 위한 실증적 엄격성으로 구축되어 있기 때문만이 아니라 법률이 제정되는 과정에서 규범적 토대를 가지고 있기 때문이다. 외견상 근대법은 국가 권력의 소유와 행사와 절차를 엄밀한 문서적 형식으로 규정함으로써 정치권력의 자의적이거나 임의적인 실천을 통제하고 규제하고 있다. 이는 효율성과 계산 합리성을 본질로 하는 근대법의 특성을 이야기하는 것인데, 여기서 하버마스는 근대법의 또 다른 정치적 본질이란 민주주의적 의사소통을 매개로 정당성을 만들어 내는 것이라고 주장하고 있다. 법률이 그야말로 법치를 위한 실질적 도구가 되기 위해서는 그 형식과 내용에서 엄정한 합리성을 담보해야 하지만, 그렇다고 해서 그 사실성, 또는 실정성이 법률을 통한 정치적 지배의 정당성을 온전히 산출하는 것은 아니다. 그 법률은 "정치적으로 자율적인 시민들의 이성적인 자기 입법에서 비롯되는 정당한 의지", "시민의 역할 속에 집중되어 있고 궁극에는 의사소통 행위로부터 나오는 연대성"(하버마스 2007, 60-61) 위에서 정치적 정당성을 확보한다.

이처럼 하버마스는 형식적 실증성과 절차적 규범성의 교차 지점에서 법의 근대적 원리를 사유함으로써 근대를 합리성의 두 차원으로 이해해야 할 필요성을 역설하는 것처럼 보인다. 근대는, 베버가 말하는 것처럼 법의 실증성과 도덕성이 나뉘면서 정당성이 만들어진 것이 아니라, 그 두 차원의 합리성이 결합하는 방식 위에서 확보되는 것이다. 이것은 베버 사상의 한계이기도 하지만 서구의 근대정신에 대한 문명사적 해석을 시도한 초기 비판 이론의 한계이기도 하다.

이러한 문제의식은 언어 사용에 대한 하버마스의 논의로 이어지고 있다. 도구적 행위의 경우, 반드시 언어적 매개가 필요한 것은 아니지만, 전략적 행위와 의사소통적 행위에는 예외 없이 언어를 통한 대화적 상황이 요구된다. 그런데 이 문제에서 가장 중요한 물음은 의사소통적 행위에서의 합리성이 어떠한 언어적 형식과 내용을 통해 달성될 수 있을까에 있다고 할 수 있다. 왜냐하면, 하버마스가 제시하려는 궁극적인 지점은 베버가 발견하지 못한 합리성의 또 다른 차원, 사회적 관계 속에서 서로를 구속하는 도덕과 규범을 창출하는 합리성 원리에 있기 때문이다.

의사소통 과정의 합리성은 당연히 언어 사용에 관련되어 있을 것이기 때문에 하버마스는 발화 행위의 원리와 과정으로 들어가고 거기서 '상호 이해'의 문제를 검토하고자 한다. 하버마스의 정의에 따르면 상호 이해는 "언어와 행위 능력이 있는 주체들 사이에 합의를 이루는 과정이다."(하버마스 1권, 425) 여기서 합의, 또는 동의의 결과야말로 서로를 구속하는 도덕과 규범의 근거가 될 터인데, 그러기 위해 그 결과는 명백히 누군가에 의해 강제로 부과될 수는 없다. "동의가 객관적으로 강제될 수는 있겠다. 그러나 **분명히** 외적 영향력 행사나 또는 폭력의 사용을 통해 이루어진 것은 주관적으로는 동의로 **셈해질** 수 없다. 동의는 공동의 **확신**에 근거한다"(하버마스 1권, 425. 강조는 원문)고 하버마스는 말하고 있다. 그렇다면 어떻게 강제된 동의가 아니라 공동의 확신을 근거로 자발적인 동의와 합의를 도출할 수 있을까? 여기서 하버마스 의사소통 행위의 가장 핵심적인 원칙으로 타당성 주장이 제시된다. 대화의 파트너는 상대 논리에 대한 비판을 제기하면서 그 논리의 타당성을 제기할 수 있고, 타당성 요구에 직면한 상대는 그에 대한 명확한 입장을 밝혀야 한다(하버마스 1권, 425). 대화에 참여한 사람들이 자신의 주장에 대한 근거를 제시하거나 상대의 근거에 대해 이해했다거나 그렇지 못했다는 입장을 밝힘으로써 타당성 주장이 성립한다. 하지만 상호 이해를 이끌어 낼 타당성 주장이 그렇게 쉬운 절차는 아니다. 여기서 하버마스는 자신의 개인적 목적을 위해 수행되는 전략적 행위와 의미의 상호 공유를 위해 수행되는 의사소통 행위를 구별하기 어렵다는 점을 언급한다. 적어도 두 가지 상황을 생각해 볼 수 있는데, 첫째는 특정한 계약 협상과 같은 성공 지향적 행위에서 의사소통 행위 형식인 서로의 의견과 주장에 대해 '예', '아니오'의 입장 표명을 볼 수 있는 경우 ―이 경우 의사소통 행위 형식은 특정한 개별적 목적을 위한 수단적 의미를 지닌다― 이고, 둘째는 겉으로는 의사소통 행위 형식을 취하고 있지만 그 과정에 참여하는 행위자들이 자신의 목적을 은폐함으로써 그 형식을 도구화하는 경우다. 따라서 우리는 의사소통 행위라고 이야기할 수 있는 언어 사용의 구체적인 기준과 모델을 어떻게 확인할 수 있는가를 질문해야 한다. 이 작업과 관련해 하버마스는 언어학자 오스틴의 언어 철학을 끌어들인다. 오스틴은 『말과 행위』에서 우리의 언어 행위와 관련해 진술문statement과는 근본적으로 다른 차원의 언어 행위로서 수행문performative에 대한 정교한 논의를 진행한 바 있다.

가령 한 대학교 학생 회의에서 학생회장이 "내일이 투표 마지막 날이라는 점을 한 번 더 안내드립니다"라고 말했다고 하자. 그 문장은 객관적으로 확정된 선거 일정에 대한 진술이기 때문에 명제적으로 참이라고 할 수 있다. 그리고 그 점에서 그 발언은 참과 거짓을 구별할 수 있는 진술문에 속한다. 그러나 만약 우리가 그 학생의 발언을 특수한 상황이나 맥락과 연결한다면 그 문장은 진술문의 성격을 벗어난다. 예컨대, 학생회장의 의무를 다해야 한다는 책임감에서, 또는 학생들의 투표율이 너무 저조해 투표를 독려하기 위한 목적으로, 또는 자기가 좋아하는 사람의 당선을 위한 목적으로 발언한 것일 수 있다. 그렇다면 그 발언은 단순히 어떠한 사태의 사실에 대한 진술을 넘는 일정한 행위 자체다. 그 점에서 우리는 오스틴의 개념을 따라, 그 발언을 진술문과는 달리 "발화를 표출하는 것이 곧 어떤 행동을 수행하는"(오스틴 1992, 27) 수행문이라 명명할 수 있다. 오스틴의 개념에 의지한다면, 수행문은 명제적으로 참, 거짓의 문제가 아니라 도덕적인 차원에서 적절과 부적절의 평가 대상이 된다(오스틴 1992, 35-36). 그렇다면 명제적으로 참된 진술문이 수행문의 자격을 갖추면서 적절하거나 부적절한 발언이라는 평가를 받게 되는 이유는 무엇인가? 발언을 그 발언이 수행되는 상황과 맥락 속에 위치시키고 해석하기 때문이다(오스틴 1992, 47-61). 학생 회의에서 그와 같은 정치적 발언을 하는 것이 공정한지의 여부, 그리고 학생회장이 그와 같은 자격을 지니고 있는지의 여부에 따라 학생회장 발언의 적절함과 부적절함을 평가할 수 있다.

위의 예를 따라 우리는 오스틴의 발화 행위locutionary act, 발화 수반 행위illocutionary act, 발화 효과 행위perlocutionary act[3]를 나눌 수 있다. 하버마스는 이 개념적 구분에 의지해 의사소통 행위

---

[3]   하버마스의 『의사소통 행위 이론』 한국어 번역판에서는 이를 발화 수단 행위로 번역하고 있다.

의 원리들을 찾아 나간다. 발화 행위는 일정한 문장을 말함으로써 자동적으로 어떤 행위의 실천을 포함한다. "내일이 투표 마지막 날입니다"라는 발언을 하는 순간, 그것은 행위이기도 하다. 진공 상태가 아니라 사회적 관계 속의 행위이기 때문이다. 다음으로 그 발언은 투표 마감일을 설명하고 주장한다는 점에서 발화 수반 행위다. 발화 수반 행위란 '어떤 말을 하는 가운데 수행되는 행위'(오스틴 1992, 129)로 정의된다. 그리고 그 말을 들은 학생들이 투표하기로 마음을 먹는다면 일정한 효과를 산출한 발화 효과 행위라고 말할 수 있다.

이 세 개념에 대한 논의 속에서 우리가 생각해 봐야 할 지점은 발화 수반 행위의 위상이다. 하버마스는 "나는 언어에 의해 매개된 상호 작용 가운데, 모든 참여자가 그들의 화행을 가지고 발화 수반적 목표를 그리고 **오직 그러한 목표만을** 추구하는 경우를 의사소통 행위로 분류하고자 한다. 이에 반해 참여자 가운데 최소한 한쪽이 자신의 화행을 통해 상대방에게서 발화 수단적 효과를 불러일으키려고 하는 상호 작용을 나는 언어에 의해 매개된 전략적 행위로 여긴다"(하버마스 1권, 435. 강조는 원문)라고 말하고 있다.

학생회장과 학생들은 학생회장의 발화 수반 행위를 통해 일정한 의미의 관계 속으로 들어가고 있다. 그러한 의미의 관계로 들어가기 위해서는 우선적으로, 학생회장의 그 발언이 문법적으로 적절한 형식을 지니고 있고, 그 발언이 수행되는 상황에 부합해야 한다(하버마스 1권, 440). 만약 학생들이 학생회장의 말을 정보적 차원에서 알아듣지 못하거나 상황에 전혀 맞지 않는 발언이라고 한다면 그 발언은 구성원들 사이에서 전혀 공유되지 못할 것이기 때문이다. 그러한 의미의 관계망 속으로 들어왔다면 이제 학생회장과 학생들 사이에는 그 발화 수반 행위, 그러니까 투표 마감일에 대한 공개적 안내, 또는 통보가 무엇을 의미하는지를 둘러싸고 논의가 일어날 수 있다.

여기서 학생들은 학생회장의 발언에 대해 다양한 차원에서 질문을 해 볼 수 있다. 첫째, 그 발언의 진위 여부를 물어볼 수 있다. 가령 투표 마감일이 내일이 아니라고 알고 있던 학생이 학생회장의 발언이 참된 정보인지 물어볼 수 있다. 하버마스의 용어를 사용한다면 "참된 진술"(하버마스 1권, 452) 여부를 물어보는 것이다. 둘째, 학생회장과 후보 사이에 친밀한 관계가 있다고 생각하는 학생이 그러한 발언의 의도가 무엇인지, 정말 객관적인 정보 전달만을 위한 것인지 질문할 수 있다. "진실한 표현"(하버마스 1권, 452) 여부를 묻는 것이다. 셋째, 한 학생이 학생 회의에서 그와 같이 오해를 불러일으킬 발언을 하는 것이 과연 타당한지, 그러니까 학생 회의의 원칙과 절차에 부합하는 발언인지 질문할 수 있다. 하버마스의 개념을 따른다면 "규범적 맥락에서의 올바름"(하버마스 1권, 43) 여부를 질문할 수 있다. 적어도 토론에 참여한 사람들이 언어적 의미 교환을 통해 이러한 세 차원에서 동의에 도달해야만, 말하자면 "의사소통에 의해 도달된 동의의 상호 주관적 공통성이 규범적 일치, 명제적 지식의 공유, 그리고 주관적 정직함에 대한 상호적 신뢰의 차원에 있다는 사실"(하버마스 1권, 452)의 토대 위에서 이들은 상호 이해를 성취한다고 할 수 있다. 그러니까 이들은 객관적 세계, 주관적 세계, 규범적 세계를 공유하는 존재들이 되는 것이다. 하버마스의 설명에 따르면, 한 대화자가 무엇인가를 주장하거나, 서술하거나, 예측하는 말을 할 때, 그 말을 듣는 상대방이 그것을 참된 것이라고 인정함으로써 둘 사이에 동의가 성립하고 두 사람은 세계를 공유한다. 또는 어떤 체험을 말하거나, 고백을 표현할 때, 상대가 그 이야기의 진실함을 수용함으로써 둘 사이에 동의가 성립하고 두 사람은 세계를 공유한다. 또는 대화자가 어떤 명령을 내리거나, 주의를 줄 때, 그 말을 받는 상대가 정당한 것, 즉 자발적으로 수용할 만한 것으로 인정할 때 둘 사이에 동의가 만들어지고 공유의 세계가 구축된다(하버마스 1권, 453-454).

여기서 객관적 세계의 진리성, 주관적 세계의 진실성, 규범적 세계의 정당성을 대화 참여자들이 수용하고 공유함으로써 공통의 세계 속으로 들어오려면 '타당성 주장'이라는 합리적 절차가 반드시 실천되어야 한다. 그 절차는 상대의 발언이 진리성에 부합하는지, 진실성에 어긋나지 않는지, 정당성에 위배되는 것은 아닌지 하는 비판을 대화에 참여한 사람이 제기할 경우 그에 대한 동의 가능한 근거를 제시하는 절차를 말한다. 이러한 타당성 주장은 '권력 주장'(하버마스 1권, 448)과 근본적으로 다르다. 학생회장이 자신의 권력적 지위를 이용해 학생회장 발언의 진리성, 진실성, 정당성에 대한 참여자들의 질문에 동의 가능한 타당성 주장을 할 수 없는 경우, 말하자면 스스로의 발언을 비판 가능성에 놓는 것을 거부하는 경우에는 상호 이해에 도달할 수 없다.

이해 가능한 화행 제안을 거부하는 사람은 이들 타당성 주장 가운데 최소한 하나를 부정하는 것이다. 어떤 화행을 정당하지 않은 것으로, 참이 아닌 것으로, 또는 진실하지 않은 것으로 거절할 때, 청자는 자기의 '아니오'로 그 발언이 사람들 상호 관계의 확립, 사태의 서술, 체험의 표현 기능을 충족하지 못한다는 뜻을 표현한다. 그 발언이 정당한 질서를 갖춘 우리의 상호 관계 세계나, 또는 실재하는 사태들의 객관적 세계나 또는 각자의 주관적 체험의 세계와 부합하지 않기 때문이다(하버마스 1권, 453. 강조는 원문).

하버마스의 이와 같은 사유는 언어 행위에 대한 근본적인 관점의 전환을 수반한다. 스스로 "의미론에서 화용론으로의 전환"(하버마스 1권, 462)이라고 말하고 있는 것처럼, 언어 행위는 행위자가 단독으로 부여한 의미를 표출하는 과정을 넘어 두 사람 이상 행위자의 관계를 필연적으로 전제하는 과정이기도 하다는 점을 생각해야 한다. 그러니까 언어 행위는 의미의 표출 과정이기도 하면서 그 자체로 타자를 향한 실천 과정이라는 점에서 우리는 '화용론'이라는 개념을 사용한다. 그렇다면 화용론은 근본적으로 언어 행위를 사회적 관계 속에서 바라보는 것이면서 동시에 사회적 관계를 만들어 가는 과정으로 이해하려 한다. 그 문제 지평에서 보면 발화 수반 행위는 대단히 중대한 위상을 지닌다. 왜냐하면, 그 행위를 매개로 사람들 사이에서 의미의 공유가 이루어지고 관계가 형성되기 때문이다. 그러한 차원에서 하버마스는 "발화 수반적 힘들은 의사소통적 사회관계의 망을 형성할 때 매듭점이 된다"(하버마스 1권, 471)라고 말한다.

하버마스의 화용론에서 우리는 합리성의 새로운 차원을 만난다. 그것은 행위자가 자신의 목적을 달성하기 위해 자기 내부에서 전략적으로 사고하고 그 결과로 표출하는 언어 행위로 구현되는 합리성과는 다른 합리성이 존재한다는 사실을 말해 주고 있다. 새로운 합리성은 무엇보다 상호성 위에서 작동한다. 그 합리성은 행위자의 고독한 계산법에 의존하는 것이 아니라, 상대의 문제 제기에 대해 타당하고 수용 가능한 답을 찾는 과정을 반복적으로 진행하는 협동적 해석으로 구현된다. 진리, 진실, 정당성의 근거가 행위자의 내부에서 선험적으로 도출되는 것이 아니라 대화 참여자들 사이에서 유보 조건이나 제약 없는 조정을 통해 동의의 형태로 산출된다. 상호 이해의 그러한 과정을 통해 참여자들은 일정한 공동의 사실, 공동의 규칙, 공동의 의지로 엮인 세계를 공유하게 된다.

이처럼 상호 이해와 공통의 사실, 의지, 규범의 공유 세계 구축에 관한 화용론의 이상적 원리는 경험적 세계에서 벌어지는 복잡한 관계와 의사소통을 이해할 수 있게 하고, 현실에서 만날 수 있는 왜곡된 의사소통 행위, 가령 전략적으로 행위하면서 겉으로는 의사소통 행위를 준수하는 것처럼 보이는 상황의 본질적 문제를 인식하게 한다.

이러한 이론적 기여와 더불어 화용론은 가장 궁극적인 사유의 지점을 향하는데, 참여자들 사이 의견 조정을 이루어 내고 동의와 합의를 생산한다는 의사소통 행위의 목적이 달성되기 위해서는 그와 같은 집단적 결과를 가능하게 하는 전제가 필요하다는 사실이다. 상호적 규범의 생산에 관여하는 언어적 과정은 근본적으로 '생활 세계'라는 전제에 기초하고 있다. 하버마스는 "의사소통 행위는 의사소통 참여자들의 배후에 머물러 있는 생활 세계 안에서 이루어진다"(하버마스 1권, 489)라고 말하고 있다. 이 생활 세계는 그 세계를 구성하는 사람들의 삶을 가능하게 하는 원초적인 조건이다. 이 생활 세계는 반성적 사유를 필요로 하지 않는 것으로, 나와 타자가 공존하며 함께 살아가는 삶의 장소로 우리 앞에 명백히 드러나 있고 우리를 둘러싸고 있다. 우리는 자신의 내면적 반성을 통해 자신과 타자를 구별하지만, 논리적으로 말하자면, 그와 같은 정체성의 구분은 생활 세계가 구축하고 있는 나-타자의 공존이라는 전제 위에서 가능한 것이다. 이 생활 세계를 떠받치고 있는 규범적 토대를 하버마스는 "묵시적 지식"이라고 이야기하고 있는데, 이 지식은 "우리가 원한다고 의식적으로 만들거나 의심할 수 있는 성질의 것이 아니라는 점에서 **우리 마음대로 할 수 없는** 지식"(하버마스 1권, 491. 강조는 원문)이다. 생각해 보면, 우리는 태어나는 순간 특정한 사회 공동체로 들어오고 그 사회 공동체에 체현되고 있는 일정한 행위 규칙과 규범의 체계 위에서 살아간다. 그것은 언어에 대해서도 동일하다. 탄생과 더불어 속하게 되는 특정한 언어 공동체의 어휘와 문법적 규칙의 토대 위에서 우리는 언어 행위를 수행한다. 우리는 삶을 시작하는 순간부터 단한 순간도 타자를 전제로 하지 않을 수 없는 시간을 보낸다는 말이다. 그러니까 우리는 그처럼 나와 타자가 서로 분리될 수 없는 관계의 양식으로 묶인 생활 세계에서 살아가고 있고, 그 생활 세계가 자리하고 있는 규칙과 규범의 체계를 배경으로 삶을 수행하고 있는 것이다.

주지하는 것처럼, 생활 세계 개념은 후설Edmund Husserl의 현상학을 사회학적으로 확장한 슈츠Alfred Schütz의 철학적 상상력의 소산인바, 하버마스는 슈츠의 생활 세계 이념을 수용한다. 그렇게 되면 우리는 합리성의 새로운 기반을 만나게 되는데, 앞서 언급한 것처럼, 고립된 단독적 주체의 내면적 계산에 의해 구현되는 합리성의 장소가 아니라, 필연적으로 타자와의 관계 속에서만 작동하는 합리성의 무대가 존재한다는 사실이다. 하버마스는 슈츠의 생활 세계 개념을 수용함으로써 합리성의 새로운 패러다임을 보여 주었지만, 그럼에도 그는 생활 세계 개념을 의사소통 행위와 결합하는 방식으로 새로운 상상을 시도한다.

우리는 타인과의 언어 교환을 통해 주장들의 참과 거짓, 진실과 허위, 정당성과 부당성을 둘러싼 타당성 논쟁을 벌일 수 있는데, 그것은 생활 세계라는 상호성의 토대를 전제로 한다. 그 토대는 진리와 진실과 정당성이란 선험적으로 확정되어 있거나, 또는 고립적 주체의 내면적 판단으로 도출되는 것이 아니라는 규범적 지식을 의미한다. 그러한 토대 위에서 사람들은 언어 교환을 통해 자신들을 둘러싸고 있는 생활 세계를 지탱할 개별적이고 구체적인 지식과 경험과 규범을 공유한다. 그러니까 생활 세계와 의사소통 행위가 서로 결합하는 방식으로 합리성의 사회적 실천이 작동한다는 말이다. "사회 합리화는 베버가 생각한 것처럼 명시적으로 인지된 행위 태도에서보다는 묵시적으로 인지될 생활 세계의 구조에서 수행된다"(하버마스 1권, 492)라는 주장이 말해 주는 것처럼, 그러한 방식으로 하버마스는 베버와는 근본적으로 다른 합리성 모델을 구축하고 있다.

4장

서구적 합리성의 파국적 결과와 대안의 문제:
비극적 전망을 넘어

　앞서 우리는 베버가 『프로테스탄트 윤리와 자본주의 정신』에서 서구 근대 합리성이 궁극적으로 도달하게 되는 지점에 대해 대단히 암울하고 어두운 전망을 제시했음을 살펴보았다. 베버는 프로테스탄트의 구원 의식과 결합하면서 자본주의적 윤리를 만들어 낸 서구 근대의 합리성이 서구 사회를 물질과 관료제적 조직이 지배하는 세상으로 변질시킬 것이라고 예측했다. 물론 그것은 단순한 상상이 아니라 이미 베버가 살아가던 20세기 서구 사회가 경험한 양상이었다. 무조건적이고 맹목적인 종교적 믿음을 벗어나 논리적이고 타당한 믿음의 근거를 제시함으로써 합리적 세계관의 길을 열어 준 서구 근대의 합리성이,

완전하게 자기 발현하면서 등장한 목적 합리성에 의해 인간의 자유를 옥죄고 삶의 의미를 찾지 못하게 하는 문명적 결과를 초래했다는 사실은 역설이 아닐 수 없다. 그러한 문명적 경로에 대한 베버의 대안적 상상은 그렇게 희망적이지 않다. 쇠창살로 비유되는 억압의 상태에 머물거나, 자포자기 상태로 살아가거나, 지난 과거의 사상이 힘을 얻는 질서로 퇴행하거나, 예외적인 힘을 지닌 예언자와 같은 존재가 등장해서 일거에 인류를 해방할 가능성이 만들어지거나, 이 모든 상황은 우리에게 그리 낙관적인 예견으로 보이지 않는다.

하버마스는 베버의 비관적 예견을 근대 문명과 자본주의에 대한 호르크하이머와 아도르노, 그리고 루카치의 사유와 연결지으면서 비판적으로 재검토하고, 그 바탕 위에서 새로운 합리성 패러다임을 토대로, 그들이 제시하는 희망 없는 미래를 넘어설 사상적 대안을 디자인한다. 하버마스의 관점에서 호르크하이머와 아도르노, 그리고 루카치의 사유는 근본적으로, 서구 근대 합리성의 변질, 또는 퇴행에 대한 베버의 문제의식과 진단을 공유하고 있다. 하버마스는 서구 근대에 대한 베버의 비판적 사유를 '의미 상실'과 '자유 상실'이라는 두 가지 명제로 압축하고, 그 논리 위에서 호르크하이머와 아도르노, 그리고 루카치의 비판적 사상을 검토해 나간다.

베버의 생각을 한 번 더 정리해 보자면, 서구 근대의 합리성은 자본주의의 탄생을 가져왔지만, 그때의 자본주의는 단순히 물질을 향한 맹목적 욕망의 체계가 아니었다. 그것은 종교적 구원에 관련된 윤리에 바탕을 두고 있었다. 말하자면 합리적인 계획에 따라 시간을 소비하고 돈을 버는 일은 신이 명령한 종교적 소명감과 떨어질 수 없었다는 것이다. 그러나 자본주의가 성장하면서, 그리고 그러한 성장을 뒷받침할 제도적 토대로 관료제가 확장하면서 이제 종교적 규범성과 윤리성에 입각해 있던 합리적 정신은 더 많은 물질을 획득하기 위해 전략적이고 계산적으로 사고를 기획하고 실천해 가는 형식적 합리성, 또는 도구적 합리성으로 전락해 버렸다. 자본주의의 일반화로 구현되는 서구 근대 세계에서 사람들은 그 욕망과 효율성의 체계를 벗어날 수 없는 상태에 머물러 있게 되었는데, 그 현상이 곧 의미와 자유 상실이다.

하버마스는 의미 상실의 문제 속에서 베버와 호르크하이머의 사상을 연결 짓는다. 그가 주로 추적하는 텍스트가 『도구적 이성 비판』(이성의 몰락)[4]이므로, 우리는 그 책을 중심으로 이야기를 진행한다. 하버마스의 논의는 호르크하이머가 사용하는 이성의 두 개념인 '주관적 이성'과 '객관적 이성'에서 시작하고 있다. 그것은 이성에 대한 중립적인 분류를 넘어, 서양 문명의 근본적 변질과 퇴행을 말해 주는 매우 중대한 개념적 구분이다.

주관적 이성은 "사유 구조의 추상적 기능, 즉 가르기 능력과 추론, 그리고 연역의 능력"으로 정의된다. 그것은 "본질적으로 목적과 수단의 문제에 관련된 것이며, 어느 정도 당연시될 뿐만 아니라 소위 자명한 것으로 이해되는 목표에 도달하기 위한 절차적 방법의 적합성과 관련된 것이다." 이 주관적 이성은 "목표 그 자체가 이성적인가라는 질문에 대해서는 거의 의미를 부여하지 않는다."(호르크하이머 2006, 16-17) 하버마스는 이 주관적 이성이 베버의 목적 합리성과 근본적으로 동일하다고 보고 있다. 그와 달리 객관적 이성은 "인간과 인간의 목적들을 포함해

---

4 『이성의 몰락』이란 제목으로 1947년에 미국에서 영문으로 출간되었으며 1967년에 『도구적 이성 비판』이란 제목의 독일어 번역본이 출간되었다.

존재하는 모든 것들의 위계질서 또는 포괄적 체계를 발전시키려는 목표"에 연결된 것이다. 객관적 이성은 인간을 포함해 세상에 대한 객관적인 진리 개념을 지니고 있고, 그 궁극적 진리 위에서 존재하는 모든 것들의 질서를 구축하려 한다. 호르크하이머의 예를 들어 보자면, 교통사고를 낸 운전자에 대해 재판관이 이성적으로 운전했는가의 여부를 물을 경우, 그때의 이성이란 자신의 목표 지점에 도달하기 위한 적합한 수단의 실천 여부에 대한 질문이 아니라, 타인의 생명과 재산의 보호와 법률적 가치의 존중 등 규범적 질문에 관한 것이다(호르크하이머 2006, 24).

보편 규범 위에 세상을 재구축하려는 객관적 이성의 힘은 서구 역사 속에서 신화로 표상되는, 근거 없는 맹목적 세계관과 믿음 체계의 대안으로 등장했다. 종교적 인습과 믿음, 그리고 신화적 전통을 사물과 우주에 대한 일관된 논리성의 원리로 대체하고자 했던 소크라테스와 플라톤의 철학적 비전이야말로 객관적 이성이 실천되는 원초적 과정이었다. 그리고 그와 같은 객관적 이성의 힘은 서구 근대에 들어 가장 드라마틱한 모습을 보였는데, 근대정신이 종교를 대신해 이성을 원리로 삼아 새로운 세상을 조형하고자 했다. 서구 근대 혁명의 역사는 그 이성의 빛으로 새로운 인간, 새로운 사회, 새로운 국가를 세우고자 했던 정치 사회적 실천에 관한 텍스트였다. 이러한 관점은 서구 근대정신을 '합리화'라고 명명하면서 그 본질이 '탈주술화'라고 바라본 베버의 관점을 따르는 것이라고 하버마스는 해석하고 있다.

호르크하이머의 통찰에 따르면 객관적 이성의 힘은 진보된 문명으로서 근대를 수립하는 데 결정적인 역할을 수행했지만 그 객관적 이성의 원리는 점차적으로 규범적 정당성을 상실해 갔다. 호르크하이머는 그 상실의 책임을 근대 계몽주의 철학자에게 돌리려 한다. 계몽사상가들은 이성의 이름으로 종교를 비판했지만 결과적으로 진리 발견의 힘으로서 객관적 이성마저 사라졌다. 그리하여 "사물의 참된 본성을 파악하고, 우리의 삶을 이끄는 원칙들을 확정하는 기관으로서의 이성은 시대에 뒤떨어진 것으로 여겨졌다. … 이성은 윤리적이고, 도덕적이며, 종교적인 통찰의 매개체로서의 자기 자신을 청산했다."(호르크하이머 2006, 36)

호르크하이머의 문제의식은 서구 근대의 역사적 진화를 향하고 있는데, 본래 객관적 이성의 정치적 규범성을 응축하고 있던 자연법의 원리로 탄생한 근대 국가가 산업화 단계로 접어들면서 폐쇄적인 자기 이익의 민족 공동체로 퇴행했다. 그도 그럴 것이, 자유와 인권과 평등을 실현하라는 자연법적 명령으로 탄생한 근대 국가가 19세기 후반 산업화 경쟁 속에서 제국주의적 민족주의의 열망을 향한 맹목적이고 야만적인 얼굴을 드러내지 않았는가. 이제 그러한 변화 속에서 이성은 규범적 본질을 벗어나 국가와 사회의 물질적 이익을 실현하기 위한 효율성의 도구로 변질되었다. 이성적 사유는 "산업 생산 과정의 수준으로 축소된 것처럼 치밀한 계획에 복속되었는데, 간단히 말하자면 생산의 고정된 구성 요소로 전락"(호르크하이머 2006, 41)했다. 객관적 이성이 소멸하고 주관적 이성이 탄생하는 순간인데, 호르크하이머는 이것을 "이성의 형식화"로 말하고 있다. 이로 인해 대단히 심대한 정신적 퇴행이 발생하는데, 그러니까, "이성의 형식화는 … 정의, 평등, 행복, 관용, 그리고 앞에서 언급한 것처럼, 지난 세기 이성에 내재했거나 이성에 의해 비준받은 모든 개념들이 정신적 뿌리를 상실"(호르크하이머 2006, 45)하는 결과를 가져왔다. 사회와 공동체의 보편적 규범과 가치를 떠받치는 객관적 이성이 부재한 곳에서는 "정의와 자유가 그 자체로 불의와 억압보다 더 좋은 것이라는 진술"(호르크하이머 2006, 44)은 무의미하거나 무용하다. 가령, 정의와 자유, 불의와 억압, 이 둘 사이에서 어떤 개념이 더 좋은 것인가 하는 문제에 답하는 데 있어, 주관적 이성은 그 개념들 자체가 아니라, 그것들의 이익과 유용성을 바라볼 것이기 때문이다. 무익, 무용하거나 심지어 손해를 가져오는 정의와 자유란 결코 좋은 것이 아닐 수 있다는 말이다.

호르크하이머는 이성의 형식화가 초래하는 문제를 정치와 문화 영역에서 한층 더 강력한 목소리로 표출하고 있다. 호르크하이머에게서 민주주의의 본질은 정치와 공동체에 대한 규범적 사유와 반성에 있는데, 현대 민주주의는 다수결이라는 수의 논리와 그로부터 만들어지는 형식적 여론의 논리에 의해 지배되고 있다고 비판한다. 현대 정치에서 다수결은 "점점 더 이성을 대체"하고 있고, "새로운 신"으로까지 추앙받고 있으며, 사람들은 그와 같은 수적 효율성의 지배를 "민주주의적 진보"(호르크하이머 2006, 53)라고 평가하고 있다. 하지만 좀 더 정확히 지적하자면, 호르크하이머는 다수결 자체를 문제 삼는다기

보다는 그것이 "합리적 토대를 상실하고 완전히 비합리적인 관점을 받아들이고 있다"(호르크하이머 2006, 52)는 사실에 주목하는 것이다. 현대 정치에서 다수결은 공동체의 이념과 가치에 대한 깊은 토론의 결정체라기보다는 자신의 이익을 실현하기 위한 지극히 계산적인 결정의 합에 불과하다는 말이다. 현대 다수결 민주주의의 핵심에는 주관적 이성이 자리 잡고 있는데, 이 이성은, 가령 사회와 공동체가 문제 제기하고 싸워야 할 도덕적 악이 존재한다고 할 때, 그리하여 그 악에 대해 공동의 투쟁을 요구할 경우에도, 그러한 요구가 자신의 이익에 부합하는지, 그렇지 않은지 하는 이기적 계산에 입각해 결정한다고 호르크하이머는 주장하고 있다(호르크하이머 2006, 54-55).

이 비판은 『공론장의 구조 변동』에서의 하버마스의 문제의식에 연결되어 있는 것처럼 보인다. 부르주아 공론장이 구축하고자 했던 민주주의의 핵심은 교양 능력을 지닌 공중들의 이성적 토론과 논쟁을 통한 공론의 형성이었다. 아마도 우리는 그곳에서 작동한 이성을 객관적 이성이라고 부를 수 있을 것이다. 그러나 19세기 후반부터 이것이 맹목적 민족주의와 패권적 산업 자본주의로 포섭되면서 서구는 주관적 이성의 지배로 변질되었다. 국가적, 민족적, 개인적 이익과 효율성에 입각한 다수 결의 원리가 압도하고, 그것이 곧 여론이라는 이름으로 정치적 정당성을 획득했다. 그때의 여론은 수의 크기로 나뉜 의견들의 조합 이상의 의미를 부여받지 못하지만 현대 정치는 그것을 합리적인 정치적 기준으로 삼고 있다.

프랑스 상징주의에 대한 언급, 그리고 그것과 공리주의의 대비를 통해 현대 대중 예술과 문화를 비판하는 데서 알 수 있듯이, 호르크하이머에게서 예술의 본질은 유용성과 무관하다. "예술 작품은 일찍이 세계에 관하여 말하고, 그것의 본질에 관하여 최종 판결을 내리려는 열망을 가진"(호르크하이머 2006, 64) 것이었다는 주장에서 알 수 있듯이, 호르크하이머가 생각하는 예술의 이데아는 세상에 관한 진리 인식의 문을 열어 주는 이미지다. 그와 같은 이미지는 초월성을 본질로 하고, 그 점에서 우리는 그 이미지를 상징이라 부를 수 있다. 하지만 현대 사회의 예술과 문화는 공리주의적 상품으로 퇴락했다. 문화와 예술은 이윤과 유희와 쾌락을 가져다주는 유용하고 실용주의적 상품으로 변질했는데, 호르크하이머는 그것을 "사물화"라고 부르고 있다. 문화와 예술의 사물화는 궁극적으로 산업 자본주의의 등장에 기인한다. 이 산업 자본주의에서는 모든 것이 사물화를 따라간다. 이 사회에서는 모든 것이 상품으로 전환되어 가격이 매겨진다. 거기서는 이윤을 벌어들일 유용성이 있거나 산업의 성장을 가져오는 것일 때에만 필요한 것으로 인정된다. 우리는 인간의 노동 또한 이윤과 유용성을 창출할 때에라야 생산적인 것으로 인정받는 세계를 살아가고 있다는 진단이다(호르크하이머 2006, 65).

지금까지 살펴본 호르크하이머의 사유, 서구 사회를 주술과 신화로부터 해방하고 합리적 규범과 가치 원칙에 입각한 근대 문명을 탄생시킨 객관적 이성이 맹목적 민족주의 정치와 물질적 욕망의 산업 자본주의 경제의 압박 속에서 주관적 이성으로 퇴락했다는 비판적 사유는 베버의 그것과 일치하고 있다고 하버마스는 해석한다. 적어도 네 가지 관점에서 그러하다. 첫째, 서구 근대정신은 종교적, 주술적 세계관의 합리적 세계관으로의 이행을 본질로 한다, 둘째, 신화적 세계관을 통과해 형성된 서구 근대의 합리성은 목적 합리적 행위 속에서 지배적 양상으로 구현되면서 합리성의 또 다른 차원을 상실해 나갔다. 셋째, 이제 서구 근대에서 목적 합리성, 또는 주관적 이성으로 퇴행한 합리성은 자기 보존의 논리를 따라 운동하면서 사람과 사람 사이의 통합적이고 윤리적인 관계를 위태롭게 한다. 넷째, 서구 근대는 사회적 기능들의 분리와 기능 분화를 합리화의 본질로 보고 있지만, 사회적 삶과 관계의 통합 또한 합리화의 관점에서 바라보아야 한다(하버마스 1권, 508-509).

다음으로, 서구 근대의 합리화가 가져오는 자유 상실과 관련해 베버는, 본래 청교도 금욕주의에 구현된 합리적 정신이 자본주의 제도의 성장과 더불어 점차적으로 그 금욕주의를 버리고 자본에 대한 무한한 욕망의 체계로 변해 버렸다고 비판했다. 자신의 구원을 위한 규범적 생각과 실천의 힘으로서 합리적 정신이 돈을 향한 절대적 의지와 열망의 수단으로 변해 버렸고, 그 자본주의가 점점 더 자신의 외연을 확장해 가면서 "그 세계 속에 태어나서 편입된 모든 사람들에게 자신의 압도적인 힘을 가하여 그들의 삶을 자신이 필요로 하는 생활 양식으로 주조해 내고 있고, 마지막 화석 연료가 다 타서 없어지는 그 순간까지 그렇게" 할 것이다. 그러니까 "재화가 점점 더 강력한 힘으로 인간을 지배하게 되었고, 결국 인간이 그 힘에서 벗어나는 것은 불가능하게 되어 버렸는데, 이것은 역사에서 유례가 없는 일이"(베버 2019, 375)라고 베버는 예견했다. 앞서 논의했지만, 이와 같은 자본주의는 관료제라는 특수한 조직 원리와 결합하면서 함께 성장해 간다. 관료제는 최대의 재화 생산과 소유를 향한 목적 합리성을 가장 이상적으로 구현하고 있는 조직이기 때문이다. "관료제의 미덕으로 찬양되는 특수한 성질이 완전히 달성될수록 관료제는 자본주의에 어울리는 특수한 성질을 더 완전하게 발전시킨다"(베버 2020, 41)는 것이다. 물질적 재화를 향한 욕망에서 벗어날 수 없고, 자본주의적 의지를 위한 관료제 원리가 사회를 촘촘히 두르고 있는 근대 사회 속에서 우리는 자유 상실의 의미를 파악한다.

호르크하이머 또한 베버의 진단을 공유하고 있다. 하버마스에 따르면 "호르크하이머는 개인이 몰락하는 경향을, 다시금 베버를 따라, 진전되는 관료제화를 통해, 즉 경제와 국가에서 지배적이 된 조직 형식들의 증가하는 복잡성을 통해 설명하고 있다."(하버마스 1권, 510) "산업 지상주의"로 불리는 서구 산업 자본주의의 주관적 이성과 그것의 제도적 구현으로서 관료제적 제도와 문화는 개인을 소멸시키고 노동을 왜곡한다. 이 사회에서 모든 것은 유용성과 조직의 원리를 따라 움직이고, 사람들의 삶과 가치 또한 그와 같은 기준에 부속되어 버린다. 호르크하이머가 말하는 개인의 소멸이란 곧 자신의 삶과 미래에 대한 가치론적이고 규범적인 반성 능력이 사라진 상태를 의미한다. 주관적 이성이 지배하는 사회에서 개인은 "자신이 계속 쓸모 있는 사람으로 남아 있고, 회사, 협회, 노동조합에 소속되어 있을 때 자신이 완전히 상실되지 않았다고 느끼"는 존재로 변질되어 간다. 그는 객관적 이성을 통해 자신을 초월할 정신적 능력을 상실하고 오직 현재적 조건에 자신을 구속한다. 호르크하이머는 이를 "축소된 자아"라고 부른다. 이 축소된 개인들은 자기 고유의 세계를 지니지 못한 채, 사회가 내세우고 있는 합리성의 기준에 따라 평가되는 것을 받아들인다. 개인은 "자신의 주변 환경을 반영하고, 반복하고, 모방함으로써 자신이 궁극적으로 속하게 되는 모든 강력한 집단에 순응하며, 인간적 존재에서 조직의 한 부분으로 전락하는 가운데, 기꺼이 그러한 조직을 만족시키고 조직에서 영향력을 행사하기 위해 자신의 가능성을 희생하는 가운데 비로소 살아남게 된다."(호르크하이머 2006, 178-179) 개인은 종국에는 집단 속으로 통합되어 버려 균일한 형식과 내용의 존재들로 환원되어 버린다.

노동과 노동자에 대한 경제적, 문화적 관찰에서도 우리는 이와 같은 비관적 해석을 만날 수 있다. 호르크하이머는 "현대 사회는 하나의 전체이기 때문에 개별성의 몰락이 높낮이에 관계없이 모든 사회적 집단에, 즉 사업가 못지않게 노동자들에게도 손상을 입혔다"(호르크하이머 2006, 180)고 진단했다. "영원한 구원", "인간 속에 내재되어 있는 무한한 가능성의 실현"과 같은 가치에 연결되어 있던 노동과, 자신의 비참함을 "모든 나라와 사회의 전 영역 속에서 비참하게 살아가는 모든 민중과 연결지을"(호르크하이머 2006, 180, 187) 의지를 지녔던 노동자는 주관적 이성이 지배하는 현대 산업 자본주의 사회에서 비틀린 모습이 되었다. 자본주의는 그들에게 물질적 혜택을 부여하고 그들의 능력을 증대했지만, 그 대가로 노동과 노동자는 자본주의적 필요를 위한 생산 노동과 주체로, 노동조합과 같은 관료제적 조직의 철저한 관리와 통제 대상으로 전락했다. 호르크하이머에 따르면, 이처럼 "노동의 조직화가 이윤을 목적으로 하는 모든 기업의 업무와 동일한 업무로 인정된다는 사실은 인간의 사물화 과정을 완결 짓는"(호르크하이머 2006, 186) 과정이다.

서구 근대의 자유 부재와 근원적 억압에 대한 호르크하이머의 진단은 현대 사회의 궁극적 특성에 대한 해석으로 이어지고 있다. 그에 따르면 산업 자본주의를 본질로 하는 현대 사회에서는 모든 행위가 실용성의 지배를 받는데, 이는 물질 생산 영역 바깥의 문화 영역이 실용이라는 가치와 무관하게 존재해 왔던 현대 이전의 사회와 뚜렷한 대비를 이룬다. 현대 사회는 물질적 생산의 실용성과 이윤의 원리를 따라 사회 전체가 총체적으로 조직화되고 있는데, 그 또한 규범과 도덕 등 정신적 원리에 따라 전체적으로 질서 지어진 현대 이전 사회와 극단적인 대비로 나타난다. 현대 사회는 이전 사회가 실천해 온 가치를 중심으로 한 통합과 질서의 원리를 완전히 해체해 버렸다(호르크하이머 2006, 182-183).

사회적 통합 차원에서 현대 산업 자본주의가 보이는 역사적 예외성, 또는 특수성에 대한 호르크하이머의 이러한 평가는 과거 사회들과의 비교 속에서 도출된 명제다. 과거 사회들 역시 일정한 신화적, 종교적, 철학적 원리를 따라 통합되었지만, 그럼에도 그 당시에는 삶의 물질적 차원과 정신적 차원이 완전히 통합되어 있지는 않았다. 물질적 논리와 정신적 논리 사이에는 상대적 자율성이 존재했는데, 현대 사회는 이를 유용성을 본질로 하는 합리적 조직화 원리 아래 통합해 버렸다.

여기서 우리는 서구 근대 산업사회에 대한 마르쿠제Herbert Marcuse의 비판을 떠올리지 않을 수 없다. 마르쿠제는 물질적 풍요로움을 구가하는 서구 산업사회에 대해 '일차원적 사회', 그리고 그 사회에서 살아가는 존재들을 '일차원적 인간'이라고 말했다. 그때의 일차원성이란 어떠한 형태의 반성과 비판도 가능하지 않은 상태, 현재적 조건에 대한 비판과, 더 나은 인간과 사회를 상상하려는 초월적 의지의 부재 상태를 의미한다. "비판의 마비 — 반대 없는 사회"로 규정되는 일차원적 사회는 "안락하고 순조로우며 적절히 민주적인 부자유"로 특징지어진다. 그 사회에서 사람들은 스스로 자유롭다고 생각하지만, 실제로 그것은 다양한 상품과 서비스 선택에서의 자유를 의미하는 것이기에 진정한 자유가 아니다. 노동자들 또한 정당과 노동조합의 관료제적 관리에 자신의 운명을 맡긴 채 풍요를 향유하고 있고 그리하여 그들은 이제 "기존 사회의 살아 있는 모순이 아니다."(마르쿠제 2009, 70) 이러한 일차원적 사회에서는 문화와 예술마저도 이윤 논리를 따르는 상품으로 변질되어, 자신들이 품고 있던 초월성을 완전히 빼앗겨 버렸다. "마술적인 힘을 부정의 힘으로 갖는 것"으로서, "기성 질서를 거부하는 이미지가 살아 있는 동안에만 자신의 언어로 말할 수 있는 것"으로서 예술의 가능성은 완전히 닫혀 버렸다(마르쿠제 2009, 91-93). 그리하여 마르쿠제는 호르크하이머가 진단하는 것과 같이, 주관적 이성에 의해 총체성으로 통합된 사회를 고발하고 있다. 일차원적 사회에서는 풍요와 자유의 이름으로 사회에 대한 반대와 저항의 가능성을 무력화한다. 그 사회를 관통하는, 주관적 이성의 구현물인 기술적 합리성은 사회 전체의 지배 원리가 되어 사람들의 정신과 육체를 강력한 관리 체제로 통합해 내고 있다(마르쿠제 2009, 61-62).

앞서 언급한 것처럼, 서구 근대 사회를 삶의 모든 영역 안에서 사람들을 유용성, 효용성, 생산성만을 지향하는 합리성의 원리로 통합하고자 하는 열망으로 바라보고 있는 프랑크푸르트학파의 지성은 베버의 비판적, 또는 비관적 문제의식과 연결되어 있다.

문제는 자본주의와 관료제로 구현된 서구 근대의 합리적 정신이다. 이 지점에서 하버마스는 마르크스주의 사상가 루카치의 물화 이론을 끌어들이고 있다. 하버마스가 루카치의 혁명 철학을 "마르크스주의적 베버 수용"이라고 말하는 것처럼, 그의 철학은 자본주의 생산관계의 모순을 물화라는 근본적인 원리로 통찰하고 있다는 점에서 서구 근대 자본주의를 합리화의 원리로 파악하는 베버의 사유와 그 방법론적 관점을 공유하고 있다. 인류사적 차원에서 인간의 삶은 근본적으로 자기 밖의 세계인 자연과 관계 맺으면서 운동해 왔다. 인간은 자신의 물리적·정신적 노동을 통해 자연을 자신의 것으로 바꾸어 냄으로써 말하자면 인간화된 자연을 만들어 가면서 문명을 생성해 나갔다. 이는 곧, 주체로서 인간의 의지가 구현되어 가는 과정이라고 할 수 있는데, 루카치는 그것을 '대상성 형식'으로 부르고 있다. 그 점에서 대상성 형식은 인류사적 보편성의 원리라고 말할 수 있지만, 역사 속에서 그 형식은 다양하게 형성되어 왔다.

그런데 루카치에 따르면 이러한 문제 지평에서 특별히 자본주의의 대상성 형식에 주목할 필요가 있다. 왜냐하면, 자본주의는 자연이라는 객관적 세계만이 아니라 인간의 주관적 체험과 사회적 관계에 이르기까지 모든 세계를 물화의 형식으로 만들어 내기 때문이다. 그리고 그 물화는 교환 대상으로서 상품 형식을 통해 구현된다. 말하자면 자연이든, 인간의 주관적 체험이든, 인간 간의 관계의 내용이든, 이 모든 것은 예외 없이 자본주의적 상품으로 전환되어 교환의 세계로 들어간다. 인간 노동도 예외가 아니다. 마르크스주의 철학에서 노동은 인간이 자신의 가치를 실현해 나가고 타인과 인격적 관계를 맺는 중요한 활동이다. 그런데 자본주의의 대상성 형식으로서 물화는 이른바 유적 노동을 교환 대상으로서 상품이라는 사물로 만들어 버렸다. 이것이 루카치가 말하는 물화의 핵심적 내용이다. 루카치는 "**상품 형식**이 전 사회의 현실적인 지배 형식으로 발전하게 되는 것은 근대 자본주의에 들어와서야 성립된 것"(루카치 1999, 183. 강조는 원문)이라고 말했다.

이와 같은 자본주의 세계의 대상성 형식은, 세계와의 관계 맺기를 통해 인간이 자신의 삶을 이루어 나가는 데 필수적인 노동을 돈이라는 추상화된 가치로 전환하면서 인간을 자본주의적 생산과 이윤 도구로 전락시켜 버린다. 이러한 맥락에서 루카치는 "자본주의적 생산의 발전 과정 속에서 비로소 추상적 노동이 사회적 범주가 되었다는 것이며, 이 범주는 이렇게 해서 성립된 [자본주의] 사회 주체들과 객체들의 대상성 형식에, 이 사회와 자연과의 관계, 그리고 이 사회 내에서 가능한 인간 상호 관계의 대상성 형식에 결정적인 영향을 끼쳤다"(루카치 1999, 185)고 말한다. 자본주의적 이윤이라는 목표에 종속되면서 노동은 자신의 총체성을 상실하고 "추상적·합리적인 부분 작업으로 분해"된다. 그리고 그로 인해 "전체로서의 생산물에 대하여 노동자가 맺는 관계는 해체되며, 그의 노동은 기계적으로 반복되는 특수 기능으로 환원된다."(루카치 1999, 186) 자본가는 노동자의 노동을 상품으로 구매하고, 그렇게 구매한 노동은 이윤 필요에 부응하도록 합리적으로 계산되고 조직되며 통제된다. 노동자의 신체적 노동은 물론 그들의 심리와 영혼에까지 적용되는 합리화 원리 속에서(루카치 1999, 186), 우리는 빠져나올 수 없는 전면적인 통제로 질서 지어진 자본주의 사회를 상상하지 않을 수 없다. 그와 같은 자본주의 질서는 관료제라는 행정 체계의 확산과 밀접한 연관 속에서 유지되고 재생산된다고 루카치는 주장하는데(루카치 1999, 199-200), 그 점에서 그의 문제의식은 베버와 만난다.

그렇지만 자본주의의 암울한 미래로부터의 해방이라는 과제에서 두 사람은 다른 방향으로 나아간다. 베버가 가망 없는 절망적 상태의 지속, 또는 비범한 능력을 지닌 예외적 존재 사이에서 모호한 스탠스를 취하는 것과는 달리, 루카치는 프롤레타리아트 계급의 의식 운동 속에서 희망을 제시한다. 루카치에게 자본주의의 근본적 모순은 프롤레타리아트의 존재 속에서 가장 명확한 모습으로 드러난다. 그에 따르면 사물화로 명명될 수 있는 자본주의의 근본적 모순 구조는 일반적 상품을 통해서는 잘 드러나지 않는다. 그 본질은 프롤레타리아트 노동을 통해 폭로된다. 자본주의 상품의 논리는 노동자의 노동을 상품 형식으로 전환하고 사물화하지만, 그렇다고 해서 그들의 영혼과 인간적 본질까지 상품으로 전환할 수는 없다. 그처럼 프롤레타리아트의 모순적 상황이야말로 자본주의의 은폐된 착취에 대한 인식과 그로부터의 해방이라는 의식을 추동해 내는 것이다(루카치 1999, 304). 말하자면, 프롤레타리아트의 노동이 자본주의적 물화의 논리에 의해 지배될수록, 인간적인 가치의 박탈을 경험할수록, 그들의 의식에는 "부르주아 사회의 합리주의적 부분 체계 이면에 가려진 채, 다만 폭발적, 파국적으로만 출현하곤 하는 저변적인 비합리성, 그러나 바로 이 때문에 대상들의 형식 및 연관을 표면적으로는 변화시키지 못한 채 출현하곤 하는 저변적인 비합리성이 비로소 온전하게 뚜렷이 표현된"(루카치 1999, 311-312)다. 프롤레타리아트는 상품 생산의 객체로서 자신을 의식하는 단계로부터 그 과정의 진정한 주체가 자신임을 깨닫는 변증법적 운동의 주체로 등장한다(루카치 1999, 315-316). 그리하여 부르주아지가 꿈꾸었지만 영원히 실현할 수 없었던 '주체-객체 동일자'의 세계가 바로 이들에게서 실현된다.

하버마스는 프롤레타리아트의 계급의식에 의한 자본주의 물화로부터의 해방이라는 루카치의 테제를 비판한다. 하버마스는 "개별 임금 노동자가 자신의 객체 역할을 넘어서고", "프롤레타리아트 전체가 상품 생산에 기초한 사회의 자기 폭로를 수행하고 또 그런 수행의 장소가 되는 의식을 형성하"(하버마스 1권, 534)게 되는 설득력 있는 근거를 루카치가 제시하지 못한다고 비판한다. 그 한계의 근본적인 이유는 루카치의 프롤레타리아트 의식의 변증법적 운동 논리가 헤겔Georg Wilhelm Friedrich Hegel의 관념론에 바탕을 두고 있기 때문이라고 하버마스는 주장하고 있다. 자신의 내부에 필연적으로 이성을 종합하고 있는 절대정신처럼, 그리하여 분열과 모순이 역사적 운동을 거쳐 종국에는 절대정신으로 해소되고 통일될 것처럼, 프롤레타리아트의 의식은 자본주의적 모순을 필연적으로 해소할 주체가 될 운명이라는 인식이다. 나중에 다시 이야기하겠지만, 하버마스가 제기하는 문제의식의 핵심은 칸트에게서 이론 이성(순수 이성)과 실천 이성으로 분열되어 있던 이성이 헤겔에게서 절대정신이라는 단일의 관념적 주체에게로 종합되어 버렸다는 사실, 루카치에게서는 그러한 관념론적 통일이 프롤레타리아트라는 주체로 전환되었을 뿐, 그 근본적 원리는 동일하다는 사실이 놓여 있다. 결국 이성의 궁극적 담지체로서, 관념적이든 실제적이든 단일의 주체로 귀착하는 철학적 사유의 한계를 지적하는 것인데, 여기서 우리는 베버를 향한 비판의 키워드인 고독한 주체 개념을 다시 환기한다.

헤겔로부터 루카치에 이르는 주체에게서 자연은 객관 세계로 나타난다. 자연은 주체의 이념과 의지가 관철되는 대상이고, 그 점에서 그것은 결국 주체 이념의 실현 무대로 존재한다. 주체의 이념이 자연에 온전히 실현될 때 그것을 자유라고 부르고 그 지점에서 주체와 객체의 동일화가 완성된다.

앞서 살펴본 호르크하이머는 아도르노와 함께 『계몽의 변증법』을 저술했는데, 거기서 두 사상가는 서구 근대 주체에게 부여된 그와 같은 이념을 근본적으로 부정한다. 그들은 주객 동일체라는 개념에 깔린 주체의 이성적 의지 자체를 문제 삼는다. 왜냐하면, 주체의 그 의지가 자연에 대한 폭력의 근본적 원인이고 그것은 곧 인류에 대한 폭력으로 이어지고 있기 때문이다. 가령, 루카치에게서는 주체가 자연을 대상화하는 형식 자체가 아니라 자본주의적 물화라는 형식이 문제였지만, 호르크하이머와 아도르노는 서구 문명이 이성의 이름으로 실천해 온 대상성 형식을 근본적으로 문제 제기하고 있다. 18세기 유럽의 계몽주의는 과학적 인식력과 실천력을 통해 자연과 인간과 사회에 대한 진리를 파악하고 구현하고자 한, 이성주의를 본질로 하는 이념이자 운동이었다. 두 사상가가 문제 삼고 있는 대상은 그 계몽이다. 『계몽의 변증법』은 "계몽은 예로부터 인간에게서 **공포를 몰아내고 인간을 주인으로 세운다**는 목표를 추구해 왔다. 그러나 완전히 계몽된 지구에는 재앙만이 승리를 구가하고 있다"(호르크하이머·아도르노 2001, 21. 강조는 원문)는 선언적 명제에서 시작하고 있는데, 그와 같은 역설적 상황을 마주하면서 그들은 궁극적 원인으로 이성을 지목했다. 그들이 문제의 핵심으로 생각하고 있는 이 이성은 본질적으로 통일성과 체계를 향한 열망이다. "계몽은 통일적으로 파악할 수 없는 것은 아예 존재나 사건으로 인정하지 않는다. 계몽의 이상은 세부에 이르기까지 모든 것을 도출해 낼 수 있는 체계"(호르크하이머·아도르노 2001, 26-27)라는 입론이 그 점을 말해 주고 있다. 계몽은 체계화와 통일성을 향한 힘이다. 계몽적 사유는 분산되어 있는 세계를 체계의 통일적 논리로 전환하고자 한다. 계몽의 의미에서 인식은 "일체를 원리들 아래 포섭"하는 과정이며, "체계 속에 분류해 넣는 판단과 동일하다."(호르크하이머·아도르노 2001, 132) 자연 세계의 사물들을 통일적으로 이해하고 체계를 구성하기 위한 과학적 지식, 수, 양화 원리 등이야말로 이성의 중대한 형식이고 내용이다. 이성에게서 자연은 통일적 논리와 체계적 틀로 환원하고자 하는 지적 열망의 대상일 뿐이다. "숫자로 환원될 수 없는 것, 나아가 결국에는 '하나'로 될 수 없는 것은 가상으로 여겨질 뿐"(호르크하이머·아도르노 2001, 28)인데, 그 점에서 자연은 이성에게 폭력적 무대가 된다. 그와 같은 가상은 언젠가는 이성에 의해 수적, 양적 질서로 환원되어야 할 대상이 된다.

하지만 근대 사회의 이성은 그 계몽 정신의 특수한 발현일 뿐, 그 근본적 뿌리는 고대 그리스 문명으로 거슬러 올라간다고 두 사상가는 말하고 있다. 『계몽의 변증법』은 호메로스가 노래한 '오디세우스'의 귀환 이야기를 분석하면서 통일성과 체계에 대한 이성의 열망이 서구 문명사에서 얼마나 오랜 기원을 갖는가를 제시해 주고 있다. 호르크하이머와 아도르노는 "사람들은 호메로스의 세계가 의미로 충만한 질서 잡힌 우주라고 경탄해 왔지만, 이 세계는 이미 정돈하는 이성에 의해 만들어진 작품임이 드러난다. 이러한 이성은 거울에 비추듯 신화를 있는 그대로 재현하는 합리적 질서의 힘으로 신화를 파괴하는 것이다"(호르크하이머·아도르노 2001, 81)라고 말한다. 고향으로 가는 길에 수많은 유혹과 위기를 만나지만 "공간을 합리적으로 조망하고"(호르크하이머·아도르노 2001, 85), 상황을 논리적으로 판단하는 능력을 통해 결국 고향에 도착하는 오디세우스는 "모험을 통해 강인한 자아, 즉 **통일성을 부정하는 다양성 속에서 통일성을 갖게 되는 자아**를 형성"(호르크하이머·아도르노 2001, 86. 강조는 원문)한다. 베버로부터 루카치에 이르기까지 합리화와 물화의 개념으로 추적한 서구 근대 자본주의는 그와 같은 통일성과 체계 욕망의 가장 극단적인 양상을 보여 주고 있지만, 두 사상가에 따르면 그러한 욕망은 "희생을 모면하는 영웅의 모습에서 그 원형을 만난다."(호르크하이머·아도르노 2001, 95) 말하자면 여러 신화적이고 비합리적인 유혹과 위협들을 물리치는 영웅 오디세우스의 사고와 책략이야말로 근대 서구 자본주의의 궁극적 원천을 담고 있다는 이야기다.

두 사상가는 고대 그리스 문명에서 시작된 그와 같은 계몽의 정신이 서구 근대 이후 어떻게 자신의 모습을 드러내는지를 여러 사례를 통해 보여 주고 있는데, 프랑스 혁명기인 1797년에 출간된 사드의 소설 『쥘리에트, 또는 악덕의 번영』, 미국을 중심으로 성장하는 문화 산업의 경향, 그리고 독일의 반유대주의 현상 등이 그것이다. 인간의 성욕과 그것의 실천을 감성의 본원적 발현과 무관한, 철저히 계산된 이성적 행위 원리로 만들고자 하는 욕구, 모든 문화를 상업적 원리로 획일화해 버리려는 전략, 이질적 존재로 간주되는 유대인들을 절멸해 버리려는 태도 속에서 우리는 궁극적으로 대상 세계를 합리성, 통일성, 단일성으로 환원하고자 하는 계몽 이성의 욕망을 발견한다. 여기서 두 사상가는 '이디오진크라지idiosyncrasie'라는 개념을 사용하고 있는데, 말하자면 계몽 이성은 보편적인 질서와 체계 안으로 들어오지 못하는 이질적이고 특수한 것들에 대해 본능적인 혐오감과 적대감을 느끼고, 그것들에 대한 폭력적 통합, 또는 제거의 욕망을 산출한다.

논의를 앞으로 돌려 보면, 루카치와 호르크하이머-아도르노는 모든 대상을 이윤 달성의 합리적 도구로 간주하고 이용하려는 서구의 자본주의적 원리와 태도를 비판하는 베버의 문제의식을 공유하고 있다. 하지만 루카치가 자본주의적 합리성이 자연 세계에 적용되는 것과 인간 세계(노동자)에 적용되는 것을 구분하고, 물화 개념이 말해 주고 있듯이, 문제의 본질을 뒤의 것에 두고 있지만, 호르크하이머와 아도르노는 그러한 구분을 받아들이지 않는다. 그들에 따르면, 자연이든 인간이든 모든 것을 양과 수로 환원하려는, 계산 가능한 합리성으로 만들려는 욕망을 본질로 하는 서구의 정신이 문제의 근원이다.

여기서 합리적 원리로 무장한 "주체는 무한정으로 외부 세계를 식민화하여 자신의 내부에 있는 세계와 동일시한다. 그가 식민화하고 있는 외부 세계는 철저히 아무것도 아닌 것으로서, 아무리 부풀리더라도 외부 세계는 자아를 위한 단순한 수단으로 전락하며 자아가 만들어 가질 수 있는 무엇이 될"(호르크하이머·아도르노 2001, 284) 뿐이다. 호르크하이머의 관점을 따르면 "이성은 광기"다. 그 광기는 자연을 지배하려는 이성의 욕망 속에 이미 인간을 지배하려는 욕망이 내재되어 있다는 사실, "지배하려는 경향"이 "이성의 자연성"으로 내재되어 있다는 사실로부터 도출된다(호르크하이머 2006, 218-219). 호르크하이머의 이성 비판은 그야말로 근본주의적이다. 호르크하이머에게서 이성은 질병에 비유된다. 그 이성의 절대성이 만들어 낸 질병은 어느 날 갑자기 발생한 것이 아니라 서구 문명의 오랜 역사적 과정 속에서 만들어진 것이다. 그 질병의 본질은 "자연을 지배하려는 인간의 욕망"(호르크하이머 2006, 218)이다. 그렇다면 어떻게 그 병을 치료할 수 있는가. 호르크하이머는 질병의 본질에 대한 인식에서 시작해야 한다고 강조한다. 이성이 자연과 인간을 지배하려는 도구가 되는 순간에 문제의 근원이 자리하고 있는데, 그 속에서 결국 이성은 모든 것을 자신의 논리로 포섭해야 할 대상과 도구로 환원하는 폭력적 사태를 만들어 냈다는 통찰이 필요한 것이다.

모든 존재가 폭력적 통합, 또는 제거의 대상으로 전락하는 그러한 상황으로부터 벗어날 수 있는, 호르크하이머와 아도르노가 제시하는 유일한 길은 결국 '주체/대상'이라는 근원적 관계에서 벗어나는 데 있다. 합리적 정신의 의지체인 주체가 대상 세계를 자신의 원리로 통합하고자 하는 욕망의 정신 구조를 바꾸어야 한다. 여기서 우리는 '미메시스Mimesis'라는 개념을 만난다. 호르크하이머와 아도르노에게서 서구 문명의 발전은 본질적으로 "타자에의 유기적인 순응"(호르크하이머·아도르노 2001, 271)을 뜻하는 미메시스 본성의 퇴행 과정이다. 문명은 "접촉이나 애무, 달램, 포옹과 같이 문명에 의해 억압된 '직접성'을 표출하는 전염성 있는 제스처"(호르크하이머·아도르노 2001, 272)라는 미메시스 충동을 제거하고자 한다. 타자와의 합일을 향한 본원적 에너지인 이 미메시스는, 주체가 타자를 자신의 합리적 원리로 통합함으로써 결국 주체의 지배를 선언하는 계몽의 욕망과는 달리, 오히려 주체가 타자 속으로 스스로 통합되어 하나가 되고자 하는 욕망이다. 미메시스는 자연과 인간을 합리적 지배의 대상으로 간주하는 서구 근대의 패러다임을 넘어서고자 한다.

이 미메시스 개념은 이후 부정변증법에 대한 아도르노의 강의에서 다시 언급된다. '부정변증법'은 주체의 이성적 체계 운동에 의해 세계의 진리가 드러난다는 이념, 그러니까 사유와 존재의 동일성 이념에 대한 부정에서 출발한다. "자기 외부에 남겨 두는 것이라고는 아무것도 없는 형식"(아도르노 1999, 80)인 이성적 체계는 모든 세계를 ―본래 자신의 이념이 현상된 것이기 때문에― 자신의 합리적 형식으로 포섭할 수 있다고 생각하지만, 사실 세계는 언제나 체계로 들어올 수 없는 모순을 만들어 낸다. 그런데 여기서 말하는 이 모순은 이성적 체계가 동일화의 운동 과정에서 만들어 내는, 그리하여 언젠가는 필연적으로 해소될 것이 아니라, 본질적으로 이성적 사유의 한계를 드러내 주는 모순이다. 아도르노의 표현을 빌려 말하자면, "모든 정신에 내재된 투지, 자신에게 부가되거나 마주하게 되는 타자를 자신과 똑같이 만들고, 똑같이 만듦으로써 자신의 지배 권역으로 끌어들이려고 애"(아도르노 1999, 19)를 쓰지만, 타자로서의 자연은 정신의 형식 안으로 온전히 끌려 들어오는 것이 아니다. 세계는 언제나 정신의 형식으로 담아낼 수 없는 어떤 것을 지니고 있기 때문이다. 그러므로 체계의 이념을 이상으로 삼는 철학만으로는 세계의 진리를 파악할 수는 없으며, 세계를 자신과 동일화하려는 이성적 사유의 운동과는 근본적으로 다른, '유희'를 통해 세계의 진리로 진입할 수 있다. 지금까지 철학은 스스로를 "완벽하게 과학화하겠다면서 바로 그 유희의 계기를 철학에서 추방하고 싶어 안달"(아도르노 1999, 199)해 왔다고 아도르노는 주장하고 있다. 아도르노는 논의를 앞으로 더 밀고 나가면서, "유희 없이는 진리와 같은 무엇이 절대 존재할 수 없다고요. … 유희에 내재된 우연의 계기가 본질적으로 진리에도 함께 속한다고요. 동일성 사유의 속박 속에서는 사유될 수 없는 것을 환기하는 바로 그 계기로요"(아도르노 1999, 200)라고 이야기한다. 바로 이 유희, 예술을 통한 이 놀이가 바로 미메시스다. 이 미메시스 운동 속에서 주체와 세계의 구분, 또는 대립은 사라지고, 주체는 체계적 사유의 틀로부터 벗어나 세계의 진리를 향한 또 다른 길을 체험하게 된다(김유동 1993, 146).

하버마스는 미메시스의 충동을 비판한다. 그에 따르면 그것은 "객관적 이성의 개념마저도 **능가하려고** 하는"(하버마스 1권, 555) 태도다. 그러한 해석 속에는, 서구 정신의 핵심인 이성 자체를 넘어서려는 방식으로는 자본주의적 물화에 대한 답을 찾을 수 없다는 비판이 내재되어 있다. 바로 이 지점에서 하버마스와 두 스승의 사상이 근본적으로 갈라진다. 하버마스의 시각에서 호르크하이머와 아도르노는 이성의 차원을 명확하게 구분하지 않고 있는데, 그들에게서 이성은 특정한 주체의 내적인 힘이며 욕망이다. 그 이성은 모두 자연과 인간이라는 타자를 향해 자신의 의지를 관철하고자 한다. 따라서 프랑크푸르트 1세대 철학자들에게서 동일화를 향한 이성의 패권으로부터 벗어날 유일한 길은 이성 바깥에서 발견될 수밖에 없는데, 그것은 주체와 타자가 미메시스의 유희 속에서, 대상화되지 않는 방식으로 만나고 화합하는 길이다. 두 존재의 화해는 이성이 아니라 예술적 놀이와 같은 비이성적 운동을 통해 실현된다. 하버마스는 미메시스에 대한 상상에는 "자유로운 인정에 기초한 상호 이해"(하버마스 1권, 568)의 원리가 숨어 있다는 점을 인정하지만, 그 본질에서 그 상상은 신비적이고 주술적인 한계를 벗어나지 못한다. 이 문제와 관련해 하버마스는 자신의 논문 「주체 철학으로부터 벗어날 수 있는 다른 탈출구」에서 이렇게 말하고 있다.

낭만주의 이래로 주체의 열광적 초월을 위해 거듭 신비적이고 심미적인 한계 경험들이 요청된다. 신비주의자들은 절대자의 빛에 눈이 멀어, 눈을 감아 버린다. 무엇에 심미적으로 황홀해 있는 사람은 충격이 마비시키고 자극하는 것에 스스로를 던져 버린다. … 규정되지 않은 채 고지된 미래의 진리들에 직면하여 발생한 흥분을 아무런 숭배 대상도 없는 숭배의 제식 행위를 통해 동시에 진정시키고 생생하게 하는 하위문화들이 이와 같은 흐름 속에서 형성된다. 종교적-심미적 분위기를 지니고 있는 무아경과의 우스꽝스런 놀이에 대한 관객은 특히 방향 설정의 욕구라는 제단에 지성의 제물을 제공할 준비가 되어 있는 지성인들의 무리에서 발견된다(하버마스 1994, 362-363).

위 비판은 원시 문명에서 종종 경험하는, 사람들의 원초적 뒤섞임, 구별 없이 모두가 존재론적 합일을 이루는 의례를 생각나게 한다. 미메시스적 유희는 그러한 의례와 근본적으로 다르지 않은데, 그렇다면 거기에는 두 존재의 상호 인정과 화합, 또는 화해의 가능성이 결코 존재할 수 없다. 왜냐하면, 서로 인정하고 화해할 개별적 주체가 존재하지 않기 때문이다.

지금까지의 논의를 정리하자면, 베버가 제기한 서구 합리성의 암울한 전망이라는 문제의식을 공유하는 루카치와 호르크하이머-아도르노는, 한쪽은 프롤레타리아트라는 특정 계급 내부의 집단적 각성과 해방 의식을 이야기하고 있고, 다른 한쪽은 이성적 주체에 대한 믿음을 버릴 것과 비이성적 충동을 통한 신비적 통일을 말하고 있다. 이들의 철학적 대안은 상이하지만, 그럼에도 '주체 철학'의 한계에서 벗어나지 못하고 있다는 공통점을 지니고 있다. 루카치는 노동자계급의 주체 의식에 의지하고 있고, 호르크하이머와 아도르노는 주체 자체를 포기하고 있다는 말이다. 그들이 제시하고 있는 철학적 상상력의 한계는 거기서 찾아야 한다. 문제는 서구 합리성의 파국적 상황을 해결하기 위한 대안과 관련해 고립적이고 단독적인 주체 패러다임에 갇혀, 다른 길, 그러니까 서로를 인정하고 윤리적으로 대하면서 공통의 가치와 질서를 만들어 가는 '상호 주체' 패러다임의 길을 찾지 못한다는 데 있다. "즉 고독하게 인식하고 행위하는 주체의 자기 관계 패러다임이 다른 것을 —상호 이해의 패러다임, 즉 의사소통적으로 사회화되고 호혜적으로 서로를 인정하는 개인들의 상호 주관적 관계의 패러다임을— 통해 대체"(하버마스 1994, 363)되는 일이 필요하다는 것이다. 하버마스는 궁극적으로 서구 정신의 핵심인 이성의 원리와 역사에 대한 근본적인 재구성 작업을 통해 이 과제를 실천한다.

5장

미드와 뒤르켐 사회학의 해석:

의사소통 행위가 만들어 내는 도덕

　1권이 서구적 근대성에 대한 베버, 루카치, 아도르노-호르크 하이머의 진단과 대안을 비판함으로써 그들이 제시한 근대적 합리성의 한계들을 추적해 나가는 작업으로 의사소통 행위 패러다임의 토대를 그리는 과정이었다면, 2권은 하버마스가 대안으로 제시하고자 하는 의사소통 행위 패러다임의 본격적인 모습을 보여 주고 있다.

　하버마스는 미국의 사회 심리학자로 상징적 상호 작용론 symbolic interaction theory을 창시한 허버트 미드와 프랑스의 사회 사상가 뒤르켐의 이론을 '미드와 뒤르켐에서의 패러다임 전환' 이라는 제목 아래에서 결합적으로 사유하면서 그 작업을 시작한다. 그런데 일견, 미드와 뒤르켐의 사상을 연결하는 일은 그리 자연스러워 보이지 않는다. 왜냐하면, 한 사람은 행동론의 차원에서 사회적 관계 규칙의 형성 과정을 탐색하고 있고, 다른 한 사람은 그와 같은 행동을 제약하는 규범적 실체로서 사회를 고찰하고 있기 때문이다. 그러니까 인간 행동의 원리에 대한 관점의 상이함이 존재한다는 것이다. 하버마스는 그 두 관점을 독창적으로 엮어 내면서 의사소통 행위로부터 어떻게 정당한 규범이 주조되는지의 문제에 접근하고 있다. 나중에 자세히 살펴보겠지만, 하버마스가 이 두 학자를 자신의 의사소통 행위를 구축해 나가는 데 주요한 이론적 자원으로 삼고 있는 데에는 타당한 근거가 있다.

두 학자는 각각 행동의 상호적 과정과 구조적 영향력에 초점을 두고 있지만 그들 사이에는 일정한 접점이 있고, 나아가 둘을 함께 고려함으로써 인간과 사회의 보다 입체적인 모습을 그려 낼 수 있는 상보성의 관계에 있다. 인간 행동의 상호성을 의미 교환의 연속적 과정으로 파악하는 미드는 의미 공유를 통한 사회적 관계와 그 관계의 규칙이 형성되는 원리를 의사소통 차원에서 파악한다. 그런데 미드에게서 그 규칙은 의사소통 행위자들 이전에 이미 존재하는 객관적 실체라기보다는 의미의 상호 교환을 통해 만든 상호 주관성의 결과로 나타난다. 하지만 현실적인 관점에 선다면, 행위자들의 의미 교환 과정은 이미 그들을 둘러싸고 있는 객관적 조건으로서 사회를 전제하지 않을 수 없다. 그러니까 그들의 행위를 규범적으로 평가하면서 영향을 미치는 구속력 있는 가치 체계로서 사회가 그들의 행위 이전에 이미 움직이고 있다는 사실이다. 그 점에서 미드의 사회적 행동론은 뒤르켐의 사회학을 통해 이론적 보강을 기할 수 있는 것이다. 한편, 뒤르켐의 사회학 또한 미드의 이론을 통해 보충되어야 할 한계가 있는데, 뒤르켐은 구성원들의 행위에 영향을 미치는 사회적 규범과 가치 체계가 어떠한 과정 속에서 탄생하고 구성원들에게 내면화되는지를 설명하지 못하기 때문이다. 그 문제는 아마도 미드의 상징적 상호 작용론을 통해 명확하게 설명될 수 있을 듯하다.

미드의 사회적 행동론에 대해 하버마스는 "미드가 출발점으로 삼는 것은 환경의 자극에 반응하는 **개별** 유기체의 행동이 아니라, 최소한 두 유기체가 서로에 대해 반응하고 태도를 취하는 상호 작용"(하버마스 2권, 19. 강조는 원문)이라고 말하고 있다.

자신의 입론을 뒷받침하기 위해 하버마스가 인용하고 있는 미드의 주장을 보다 구체적으로 이해할 필요가 있다. 그럼으로써 미드가 인간 행동을 어떠한 방법론적 관점에서 접근하려 하는지가 보다 명확해질 것이고, 나아가 하버마스가 왜 미드를 자신의 의사소통 행위 이론의 주요한 거점 중 하나로 바라보는지가 뚜렷해질 것이기 때문이다.

미드는 자신의 행동 이론을 사회 심리학으로 정의하고 그것의 방법론적 관점을 명확히 한다. 그의 사회 심리학은 "사회적 과정 안에 놓여 있는 그대로의 개인의 행위나 행동을 연구한다." 여기서 개인의 행동은 한 개인의 고립적이거나 독자적인 차원이 아니라, 그가 속한 사회 집단의 차원에서 해석되고 이해된다. 미드의 사회 심리학은 전체로서의 사회가 부분으로서의 개인에 선행한다는 대전제에 서 있다. 그러므로 "사회를 구성하는 분리된 개인들의 행동 측면에서 사회적 집단의 행동을 바라보지 않는다. 오히려 복잡한 사회적 집단 활동 전체에서 출발해 (구성 요소로서) 집단을 구성하는 개별적 개인들 각각의 행동을 분석하"고자 한다. 이러한 관점은 매우 중요한데, 왜냐하면, 개인을 언제나 그가 속한 사회적 형식, 그러니까 타자와의 필연적 관계성 속에서 파악할 것을 요청하기 때문이다. 그 점에서 미드는 "그것은(부분으로서 개인의 행동 —필자) 계속 진행되는 역동적인 전체로서 간주되어야 하며, 어떤 부분도 그 자체로 간주되거나 이해되어서는 안 되는, 그 안에 포함되어 있는 각 개인의 자극과 반응이 함께 작용하는 복잡한 유기적 과정"(미드 2010, 80-81)이라는 명제를 제시한다.

이 명제가 말해 주는 핵심적인 내용은 미드의 사회적 행동론, 또는 사회 심리학의 단위가 개별적 인간이 아니라 사회 속에 존재하는 관계적 인간이라는 점이다. 이 사실은 그의 개념인 '자아self'에서 잘 드러난다. 하버마스의 의사소통 행위 이론 구축과 관련해 이러한 관점은 매우 중요한데, 왜냐하면, 개별자들의 행위 전략이 아니라 이미 상호적 관계 속에서 존재하고 있는 사람들이라는 개념적 토대 위에 의사소통 행위를 마련할 근거를 미드로부터 확보할 수 있기 때문이다.

미드가 제시하고 있는 상징적 상호 작용의 출발점은, 하버마스도 지적하고 있듯이, 몸짓(제스처)의 교환이다. 그런데 미드는 이 몸짓의 개념을 엄격하게 사용하고 있다. 그러니까 동물의 몸짓과 인간의 몸짓을 구분해야 한다는 것인데, 가령, 개들이 상대의 움직임을 보면서 반응하는 것과 권투 선수들이 링에서 상대의 움직임을 따라 대응하는 것은 외양으로 보면 동일한 양상이다. 그러나 미드는 단순한 제스처와 "의미 있는 제스처"(미드 2010, 120)를 구분해야 한다고 말하는데, 동물들도 서로의 몸짓이 만들어 내는 자극을 통해 서로 상호 작용을 진행하지만, 그것은 본능적인 생물학적 결과에 지나지 않는다. 여기서 중요한 것은 동물들이 상대의 몸짓에 대해 자신의 내적 태도를 가지고 반응하는 것이 아니라는 사실이다. 그러니까 "그 동물이 공격하려는 반사적인 결정을 할 때 그 동물이 그것을 **의도했다**고 말할 수는 없다는"(미드 2010, 122. 강조는 필자) 이야기다. 반대로 권투 선수가 상대의 주먹을 피한다고 할 때, 겉으로는 개의 반응과 유사해 보이지만 그 행동을 결정하는 데에는 상대의 주먹에 대한 자신의 고유한 의미가 투사된다. 하버마스의 설명을 따르면, 앞의 것이 자극-반응-자극의 인과적 관계라면, 뒤의 것은 상호적 관계다(하버마스 2권, 27).

하나의 자극으로서 몸짓에 일정한 의미를 부여할 때 그 몸짓은 의미 있는 상징의 지위를 획득한다. 이 과정을 보다 정밀하게 관찰하자면, 두 사람 사이에서 몸짓을 통한 상호 작용이 일어난다고 할 때, 우선 몸짓의 주체는 자신의 몸짓이 어떤 의미를 담고 있는지 인식하고 있어야 한다. 하지만 그와 동시에 자신의 몸짓이 내재하고 있는 의미에 대해 상대방이 어떠한 생각을 할 것인가 하는 예측이 수행되어야 한다. 그것은 상대방에게도 마찬가지다. 그렇게 보면 마주하는 두 사람이 제스처를 통해 상호 작용을 수행하기 위해서는 그 제스처의 의미가 공유되어야 한다. 미드에 따르면 상호 작용을 수행하는 사람들이 상대방 행위의 의미를 파악하고 그것을 바탕으로 자기 행위에 의미를 부여하고 표출하는 일련의 과정은 모방을 통해 습득된다. 이 문제에서 미드는 원숭이라든가 앵무새와 같은 동물들이 자기 앞의 행위나 말을 따라하는 것을 모방이라 부르지 않는다. 모방이란 단순히 외적인 형태나 운동을 동일하게 반복하는 일이 아니라 모방하는 대상들에 내재된 의미까지 인식하고 내재화하는 일이기 때문이다. 그러니까 모방의 본질은 모방의 대상을 상징으로 수용한다는 것을 뜻한다. 인간이 언어를 배우는 과정이야말로 모방의 본질을 보여 주는 가장 강력한 예다. 두 가지 차원에 주목해야 하는데, 하나는 모방을 통한 인간의 언어 습득은 언어의 시청각적 외형만이 아니라 그 언어의 의미를 내재화하는 과정이라는 것이며, 다른 하나는 타인의 발화 언어를 자신이 듣고 자신의 목소리로 모방하는 과정을 통해 두 사람은 그야말로 동일한 언어를 공유하는 존재로 만들어진다는 것이다. 그 점에서 미드는 발화 언어가 갖는 독특성에 주목하는데, 왜냐하면, 그 목소리는 타인을 향하지만 자신의 내부로도 투사되기 때문이다. 미드는 이렇게 말한다. "다른 사람이 하는 것을 본 대로 단순히 행한다는 의미에서의 모방이 아니다. 그 기제는 자기가 다른 사람에게서 불러일으키는 반응을 자신 안에서도 불러일으키는 것이고, 그 결과로서 다른 반응보다 바로 그 반응에 더 큰 비중이 주어지고, 점차적으로 그런 반응들의 집합이 형성되어 지배적인 전체를 형성하게 된다."(미드 2010, 144-145)

인간의 이와 같은 상호 작용과 관련해, 하버마스가 언급한 것처럼, 우리는 미드의 '지연된 반응'이라는 개념에 주목해야 한다. 미드에 따르면 인간의 지능은 "중추 신경계의 생리적 메커니즘에 따라 어떤 주어진 문제 환경 상황에서 가능한 여러 대안적 반응들 가운데 하나를 심사숙고하여 택한다. 그리고 만약 선택한 반응이 복잡하면 —즉 단순한 반응들의 집합, 연쇄, 묶음, 또는 연속으로 되어 있다면— 인간의 지능은 그 주어진 환경적 문제의 가장 적절하고 조화로운 해결책이 그 개인에 의해 가능해지도록 단순한 반응들의 집합이나 연쇄를 조직화할 수 있다."(미드 2010, 180) 인간은 상대방의 자극에 직접적으로 반응하는 것이 아니라 여러 가능성 있는 반응들을 놓고 그러한 반응들이 가져올 결과와 효과들을 고려한 뒤에 자신의 반응을 결정한다는 것이다. 이러한 지연된 반응은, 자신만이 아니라 상대방의 계획이나 의도와의 연관 속에서 발생하는 행위라는 점에서 하버마스가 주목하고 있는 '타자 태도 취하기'와 밀접한 관련을 지닌다. 이는 "주체가 그에게 객체로 다가오는 것을 자신 안에 받아들여 전유함으로써 외부적인 것 속에서 자신을 다시 발견하는 것을 의미"(하버마스 2권, 27-28)한다. 행위 주체로서 '나'는 상대의 마음속으로 들어가서 자신의 행위 가능성에 대한 상대의 가능한 반응들을 상상하거나 추론하는 과정을 거쳐 자신의 행위를 선택하고 결정한다는 의미에서의 타자 태도 취하기다. 미드는 이러한 지연된 반응을 가능하게 하는 능력을 정신mind이라 부른다. 동물에게서는 발견되지 못하는 인간만의 능력으로서 이 정신은 궁극적으로 자신과 타자를 의미의 관계로 묶어 내는 힘이고 상징화된 상호 작용의 원천이다.

이와 같은 정신적 능력을 지닌 인간은 타자들과의 관계, 그리고 상호 작용을 경험함으로써 자아라는 관념을 획득한다. 인간이 자아를 형성하는 사회적 과정과 관련해 미드는 어린이들의 놀이play와 게임game에 관심을 기울인다. 놀이의 본질은 사회적 타자의 역할을 모방하는 방식으로 경험한다는 점이다. 어린이들은 다양한 역할 놀이를 통해 타자들을 자신의 정신 속으로 끌어들이고 내면화한다. 놀이가 자신의 정신 속에 타자를 불러들여 타자의 태도와 역할을 습득하는 과정이라면, 게임은 참여 규칙 일반을 습득하고 내면화하는 과정이다. 그러니까 게임은 개별적인 역할이 아니라 그러한 역할들을 통제하는 일반적 규칙을 배운다. 미드는 그러한 규칙을 '일반화된 타자'(미드 2010, 244)라고 부른다. 일반화된 타자로 불리는 규칙의 체계는 단순히 특정한 타자의 역할을 넘어 사회적 관계를 통제하는 제도적 형식이라고 볼 수 있는데, 그 점에서 놀이와 게임은 근본적으로 다르다. 하버마스가 미드의 상호 작용이 상징의 단계에서 규범의 단계로 이행하는 시점이라고 본 이 지점에서 자아라고 부르는 개인의 정체성 의식과 사회라는 규범의 체계가 모습을 드러낸다. 미드에 따르면 자아의 본질은 개인이 속한 집단의 규칙 일반을 내면화함으로써 형성되는 실체다. 자아는 "사회적 활동이나 사회적 책무의 다양한 단계나 측면에 대한 태도도 취"하고, "조직화된 사회 또는 사회 집단 구성원으로서 그 안에 완전히 빠져듦"(미드 2010, 245)으로써 완성된다.

여기서 우리는 자아에 대한 미드의 독특한 관념을 만난다. 그는 자아를 사회적 상호 작용 과정에 필요한 선제적 요인으로 보는 것에 반대한다. 오히려 미드에게 자아는 사회적 상호 작용의 결과물이다. 미드는 자아 형성에는 두 단계가 있음을 설명한다. 첫 단계에서 개인은 다른 사람과의 관계가 이루어지는 특수한 상황 속에서 자신과 타인에 대한 인식과 태도를 만들어 낸다. 그리고 두 번째 단계에서 개인은 자신의 특수한 관계에서 인식되고 형성된 태도를 넘어 자아와 타자와 사회적 관계에 대한 일반적 형식을 갖게 된다. "자아가 이러한 특별한 개인의 태도들이 조직화되는 것만으로 구성되는 것이 아니라 자기가 속한 일반화된 타인이나 사회적 집단의 사회적 태도 전체의 조직화에 의해 구성된다"(미드 2010, 248-249)는 것이다. 이 두 단계는 앞서 예로 든 놀이와 게임에 상응한다.

미드가 상상하는 자아는 사실상 자기 고유의 속성을 지닌 고립적이고 단독적인 주체가 아니다. 미드가 "모든 자아는 사회적 과정에 의해 또는 사회적 과정을 매개로 하여 형성되고, 그 사회적 과정의 개인적인 반영"(미드 2010, 297)이라고 말한 것처럼, 아이러니하지만, 그 자아는 자기 바깥에 존재하는 타자들의 사고와 규범을 내면화함으로써 탄생하는 실체이기 때문이다. 따라서 미드에게서 고립적 개인이란 관념은 성립할 수 없으며, 오직 타자를 내재화하고 있는 개인만이, 상호 관계와 상호 작용의 세계에서 존재할 수 있는 개인만이 의미적으로 가능하다.

자아란 타자와의 상호 작용으로 만들어지는 관계적 주체라는 미드의 통찰은 하버마스의 의사소통 행위 패러다임 구축에 핵심적인 요소다. 왜냐하면, 하버마스의 의사소통 행위는 근본적으로 상호성을 본질로 하는 행위자의 실천이기 때문이다. 특히 우리는 미드의 상징적 상호 작용이 의사소통을 수행하는 주체들이 어떻게 공통의 규범을 공유하는지를 밝히고 있다는 사실에 주목해야 하는데, 그것은 행위자들을 도덕적으로 구속하는 상호 규범의 형성이라는 하버마스 의사소통 행위 이론의 핵심 질문에 대한 답의 일부를 말해 주고 있기 때문이다.

그런데 여기서 문제는 미드의 이론이 상호 작용의 행위자들이 규범을 공유 ─가령, 미드의 이론을 따라 게임에 참여하는 행위자들이 게임 규칙을 내면화하는 경우─ 한다고 하더라도, 그 규범이 그들을 어떤 점에서 도덕적으로 상호 구속하는가에 대해서는 답하지 못하고 있다는 사실이다. 미드는 인간이 게임의 규칙을 내면화함으로써 'me'라고 불리는 사회적 자아가 형성되며, 그 사회적 자아가 인간을 도덕적 행위자로 만드는 원리라고 말한다. 그렇지만 상호적 의미 교환 과정을 거쳐 획득한 규칙 일반이 어떤 이유로 개인을 도덕적 존재로 만드는지에 대해서는 사실상 미드의 이론 내에서는 명확하지 않아 보인다. 그러니까 미드는 규칙 일반의 공유와 내면화를 곧장 도덕적 차원으로 전환시키고 있는 것으로 보이지만, 하버마스는 그것에 선뜻 동의하지 못한다. 이러한 문제의식에서 하버마스는 나와 타자의 상호 작용으로부터 만들어지는 '일반화된 타자'로 불리는 사회적 규칙이 어떻게 그들에게 신성함을 갖는 것으로 인식되는지 미드는 설명하지 못한다고 말한다. 문제는 행위자들 사이의 상호 작용으로 도출된 규칙의 성스러움을 이해하기 위해서는 상호 작용의 과정 바깥으로 빠져나와야 한다는 것인데, 그것은 뒤르켐이 제시한 종교성의 원리를 통해 접근 가능하다 (하버마스 2권, 83). 미드가 사회적 규칙의 도덕적 정당성을 이야 기할 때, 그 기원이 상호 작용 세계 바깥에 자리하는 것으로 볼 수밖에 없는 이유는 의미의 교환과 공유를 본질로 하는 미드의 상호 작용 내부에서는 규칙의 도덕적 차원을 만들어 내는 어떠 한 원리도 존재하지 않기 때문이다. 이제 하버마스는 규칙의 원초적 도덕성이라는 문제에 답하기 위해 뒤르켐의 사회학적 문제의식으로 들어간다. 하버마스는 "미드가 구성하는 재구성 프로그램을 보완하기 위해 뒤르케임의 종교 이론을 살펴보고 자 한다."(하버마스 2권, 83)

주지하는 것처럼, 뒤르켐 사회학의 핵심적 문제는 사회적 통 합과 질서 형성의 원리에 대한 탐구다. 전통에서 근대로의 급 속한 변화가 만들어 낸 사회적 변동과 정치적 혼란 속에서 뒤 르켐은 결속력 있고 질서 잡힌 근대 공동체를 구축하기 위한 사회학적 사유를 시도했다. 뒤르켐은 인류학적 보편성의 원리 와 함께 근대적 특수성의 원리를 함께 모색하는 방법 위에서 해법을 제시하려 했다. 『사회 분업론』과 『종교 생활의 원초적 형태』와 같은 저술이 그러한 문제의식의 지적 소산이다.

뒤르켐은 『사회 분업론』을 통해 사회적 기능들의 분화가 일어나는 근대 사회에서 질서 형성의 문제에 답하고자 했다. 근대가 도래하기 이전까지 사회는 이른바 '기계적 연대' 위에서 질서를 만들어 내고 유지해 왔다. 기계적 연대는 강력한 집단성의 원리 위에서 작동하는 것으로, 구성원들이 집단 전체의 명령과 권위에 일방적으로 복종하는 방식의 연대다. 그와 달리 집단으로부터 개인들이 분화되어 나가고 각 개인들이 자신들의 고유한 사회적 기능에 맞추어 분업의 체계를 구성하는 근대 사회의 질서는 기계적 연대의 원리가 적용될 수 없다. 따라서 새로운 연대의 원리가 필요한데, 여기서 뒤르켐은 '유기적 연대'를 이야기한다. 기계적 연대가 전체에 대한 부분(구성원)의 일방적 종속과 복종을 특징으로 한다면, 유기적 연대는 자율적 개인들의 기능적 관계와 전체와 개인의 상호 의존으로 형성된다. 앞의 기계적 연대가 전체와 부분의 혈연성과 친족성에 기반을 두는 것이라면, 유기적 연대는 개인들의 자율적 계약 원리에 의해 작동한다.

뒤르켐에 따르면 기계적 연대 사회에서 유기적 연대 사회로의 이행은 진화론적 결과다. 그러한 차원에서 그는 영국의 사회학자 스펜서를 끌어들여 사회 분화와 질서 형성 문제에 대한 자신의 관점을 명확히 한다. 이는 하버마스가 주목하고 있는 지점이기도 한데, 뒤르켐은 스펜서의 진화론적 사고, 나아가 공리주의적 사고에 반대한다. 스펜서는 사회의 규모가 커지면서 구성원들 사이의 기능 분화가 일어남에 따라, 말하자면 진화가 진행됨에 따라, 그들 사이에는 자연스럽게 협력이 만들어지고 사회의 질서가 이루어진다고 보지만, 뒤르켐은 기능 분화, 즉 분업이 자연스럽게 협력과 질서를 만들어 내는 것은 아니라고 주장한다. 여기서 하버마스는 질서 형성의 원리에 대한 두 사람의 관점 차이에 초점을 맞춘다. 하버마스는 "스펜서와의 논쟁에서 뒤르케임이 유기적 연대를 ―개별 행위자의 가치관으로부터 분리된― 사회의 체계 통합을 통해, 그러니까 규범과 무관한 조절 메커니즘의 개념들로 설명하고 싶어 하지 않는다는 점이 분명해진다"(하버마스 2권, 190)라고 이야기하고 있다. 그러니까 하버마스의 해석에 따르면, 스펜서는, 시장에서처럼, 자신의 욕망과 이익을 합리적으로 알고 있는 개별적 존재들의 판단과 행위들이 자동적으로 전체적인 조화와 협력과 질서를 만들어 낸다고 주장하지만, 뒤르켐은 사회적 통합과 질서는 개별자들의 공리주의적 행위 세계 바깥의 가치와 규범에 의해 구성된다고 생각한다. 뒤르켐은 "자율성을 가진 개인으로부터는 개인 밖에 나올 것이 없다"고 말하면서, 개인들을 묶어 내는 통합과 결속의 원리는 그 개인들의 세계 바깥에 놓여 있다고 주장한다. 그가 말하는 "사회적 규칙"이란 개인들을 규제하는 외적인 도덕적 통제력을 뜻한다. 그러한 맥락에서 뒤르켐은 모든 원리를 개인들의 내적 심리와 의지로 파악하는 심리학적 관점의 한계를 지적한다. 그는 "집단생활은 개인 생활에서 탄생한 것이 아니다. 오히려 개인 생활이 집단생활에서 탄생한 것"(뒤르케임 2012, 414-415)이라고 말한다.

진화의 과정을 따라 더 분화된 조직이 만들어지고 그 구성원들이 각각 합리적으로 사고하고 행동한다고 하더라도 그들 사이에 자동적으로 분업이 형성되는 것은 아니다. 오히려 사람들의 고립과 분열을 만들어 낼 수도 있는데, 그 점에서 분업의 형성과 그에 따른 협력은 반드시 사람들 사이의 도덕적 연결 관계를 필요로 한다. "분업은 이미 존재하고 있는 특정 사회 내부에서만 일어날 수 있다. 이 말은 개인들이 서로 물질적으로만 결합해야 한다는 것이 아니라, 그들 사이에 도덕적 연결 관계가 있어야만 한다는 것을 의미한다"(뒤르케임 2012, 410-411)는 것이다. 이 도덕적 연결성 위에서 인간들은 서로 이기적인 욕망체로 분해되지 않고 타인을 인식하고 배려하고 양보하는 분업의 구조를 만들어 낼 수 있으며, 그 바탕 위에서 사회적 통합과 질서가 만들어진다. 뒤르켐은 "현대 사회의 도덕은 우리가 동료 인간들에 대해 더 배려하고 정의로운 행동을 하도록 요구한다. 또 우리가 자신의 임무를 잘 수행하며 자신이 가장 잘할 수 있는 분야에서 일할 것과 자신의 노력에 대한 정당한 대가를 받을 것을 요구한다"(뒤르케임 2012, 604)고 이야기한다.

여기서 우리는 미드와 뒤르켐이 생각하는 사회 개념의 두 가지 차이에 주목하게 된다. 우리가 사회를 개인들의 행동을 제약하는 규칙의 틀로 정의한다면, 미드에게서 그 사회적 규칙과 규범의 틀은 개인들의 상호 작용에 의해 만들어진다. 그러나 뒤르켐에게서 그 틀은 개인들의 상호 관계 이전에 이미 존재하고 있으며, 나아가 개인들의 상호 관계를 이끌어 내는 외적 양식으로 존재한다. 그러니까 사회란 개인들의 관계로 환원되지 않는 외적 제도다. 또한 미드의 이론에 비추어 볼 때, 사회적 규칙은 도덕적으로 따라야 할 규범적 가치를 내재하고 있는 것은 아니다. 말하자면 사람들은 게임의 규칙을 준수하지만 그것이 반드시 도덕적 규범력을 지니고 있기 때문은 아니다. 그와 달리 뒤르켐에게 사회적 규칙은 본질적으로 도덕적이다. "우리가 만약 모든 사회적 삶을 없애 버리면 도덕적 삶도 동시에 사라진다"(뒤르케임 2012, 592)는 주장이 그러한 의미를 담고 있다.

여기서 하버마스는 뒤르켐이 주장하는 사회적 규칙에 내재되어 있는 도덕적, 규범적 구속력의 기원을 묻는다. 하버마스는 "계약의 비계약적 토대"라는 제목 속에서 계약에 관한 뒤르켐의 논의를 통해 문제에 접근한다. 집단적 세계로부터 빠져나와 스스로의 자립적 가치를 지닌 개인들로 구성된 근대 사회에서 각 개인들이 자신의 이익을 위해 이기심의 원리로 움직이지만 그들의 이기적 행동이 서로 충돌하거나 무질서로 빠져들지 않는 것은 계약이라는 근대적 메커니즘이 있기 때문이라고 말할 수 있다. 근대 사법은 자유로운 개인들 사이의 사적 계약을 관장하는 법률인데, 여기서 우리는 계약 당사자들이 계약 내용을 위반하지 않고 법률을 준수하려는 의지가 어디에서 유래하는가를 묻게 된다. 뒤르켐은 그 의무감의 원천을 계약 당사자들의 이익 판단이나 의지에서가 아니라 그들이 살아가고 있는 사회가 부여하는, 상호 의존성과 이타성에 연결된 도덕적 가치에서 찾아야 한다고 말한다. 외적인 도덕적 실체로서 사회는 구성원들에게 소유권에 관한 엄격한 원리를 제공하고, 그들이 타인과의 협력적 의무를 지키며 살아가도록 가르친다. 뒤르켐은 전통적 신앙 공동체와 근대적 협력 공동체를 대비하면서 앞의 공동체에만 도덕이 존재하고 뒤의 공동체는 도덕과 무관할 것이라는 시각을 비판한다. 뒤르켐은 근대적 공동체 또한 자기 고유의 도덕적 형식 위에서 유지된다고 주장한다(뒤르케임 2012, 339).

이러한 논리를 따르면, 근대 사회에서 계약 준수의 의무는 계약 주체의 개별적 의지라든가 계약법의 강제성 등에서 찾을 수는 없어 보인다. 이에 대한 하버마스의 뒤르켐 해석을 보면, "그는 계약 체결의 조건에만 근거해서 계약 관계가 정당성을 가질 수 있다는 것을 부정한다. 두 당사자가 각자의 이해 관심에서, 그리고 각자의 자유로운 의사에 따라 협약을 체결했다는 사실로부터 그들의 계약이 의무를 부과하는 성질을 갖는다는 점이 결코 바로 나오지는 않는다."(하버마스 2권, 136) 오히려 그 정당성은 계약 주체와 법률을 둘러싸고 있는 도덕적 규범에 근거를 두는 것으로 보인다. 그 점에서 뒤르켐은 "계약의 비계약적 관계"(뒤르케임 2012, 307)라는 개념을 사용하고 있다. 여기서 우리는 법률의 정당성에는 도덕이 뒷받침되어야 한다는 논리를 만난다. 이 관점은 근대적 법률의 정당성에 대한 하버마스의 논리를 지지해 준다. 하버마스는 근대적 법률의 정당성을 법률 자체의 합리적 형식에서 찾으려 하는 베버에 맞서서 법률의 도덕적 기반을 강조했다는 사실을 한 번 더 환기할 필요가 있다.

이 지점에서 뒤르켐이 제시하고 있는, 사회라는 실체에 내재되어 있는 도덕의 원리, 이타성과 연대의 원리가 어떤 이유에서 자발적 준수를 강제하는 규범으로서의 가치를 지니는가 하는 질문이 제기될 수 있다. 결국 이는 미드에 대해 던진 질문과 같은 맥락일 수 있는데, 미드의 경우 어떤 명확한 설명 없이 사회적 규칙의 규범적 차원을 그대로 인정하고 있고, 뒤르켐은 사회적 규칙의 규범성을 말하고 있지만 그 규범성의 엄밀한 기원을 설명하지는 못한다. 아마도 이에 대한 답을 우리는 그의 후기 저서인 『종교 생활의 원초적 형태』에서 찾을 수 있을지도

모른다. 뒤르켐은, 프랑스 혁명이 지향하는 근대적 성화의 예들을 관찰하면서 신성함의 원리를 지니고 있지 않은 사회는 없다는 테제를 제시하고 있는데, 그러한 맥락에서 근대 사회의 도덕적 원리에 내재된 규범성의 차원을 이해할 수 있다. "뒤르케임은 근대적 개인주의의 현상들을 개인의 가치가 거의 종교적으로 격상된 것에 대한 표시로, 즉 '개별 인격체, 개인의 존엄성에 대한 숭배'의 표시로 본다"(하버마스 2권, 143)는 하버마스의 해석이 말해 주고 있듯이, 근대 사회는 개인들에 대한, 거의 종교적 신성함의 수준에 도달한 존중 위에서 작동한다.

신성한 개인이라는 관념은 사회학자 짐멜의 통찰이기도 하고, 뒤르켐과 짐멜의 사상적 문제의식과 관점을 물려받은 미국의 미시 사회학자 고프먼Erving Goffman의 상호 작용 의례의 핵심 원리이기도 하다. 고프먼에 따르면 근대 사회는 성스러운 개인의 관념 위에 서 있다. 그는 "수많은 신들이 소임을 다하고 사라졌지만 개인 자신의 신성은 엄청나게 중요해졌고 견고하게 남아 있다. 그는 위엄을 띠고 걸으며 수많은 작은 봉헌 제물을 받는다. … 어떤 경우든 개인은 의례적 조심성을 가지고 대해야 할 신성한 존재"(고프먼 2013, 103)라고 이야기하고 있다. 전통 사회가 집단에 대한 성화 위에서 탄생하고 작동해 왔다면 근대 사회는 신성한 존재로서 개인이라는 인식과 믿음 위에 자리하고 있다. 따라서 상대로서의 개인은 언제나 존중되어야 할 성스러운 존재로 간주되고 있고, 그것이야말로 근대 사회의 도덕성을 세우는 근본 원리다. 고프먼은 근대 사회를 특징짓는 존엄하고 신성한 개인의 원리가 어떠한 과정 속에서 사람들이 지켜야 하는, 말하자면 규범성을 지닌 일상적 의사소통 규칙으로 구현되는지를 밝히고 있다. 그것이 바로 상호 작용 의례다.

사회적 규범의 근원적 원리와 그 원리의 도덕적 형식으로의 구현을 동시에 고려하는 그와 같은 사회학적 관점은 뒤르켐에 대한 하버마스 비판의 방향을 말해 준다. 하버마스는 뒤르켐이 새로운 도덕을 형성해야 하는 의무를 선언하면서 구체적으로 어떠한 조건 위에서 새로운 도덕이 탄생하게 되는지에 대해서는 명확하게 의식하지 않고 있다고 비판한다(하버마스 2권, 145). 그의 말처럼 뒤르켐은 새로운 도덕 형성의 필요성을 당위적으로 선언하고 있다. 뒤르켐은 "현재 우리의 첫 번째 의무는 우리 스스로 산업사회에 어울리는 새로운 도덕률을 만드는 것"이며, 사회학은 근대 사회의 도덕률 형성에 필요한 규범적 목표를 제시하는 역할을 수행해야 함을 강조하고 있다(뒤르케임 2012, 606).

이러한 문제 앞에서, 어떻게 보면 아이러니한 논리 구조인 듯 하지만, 하버마스는 다시 미드로 돌아가야 한다고 말한다. "이 로써 나는 언어에 의해 매개되고 규범에 따라 수행되는 상호 작용을 합리적 재구성의 방식으로 설명하려는 미드의 기획으 로 돌아간다."(하버마스 2권, 146) 말하자면 하버마스는 최초에 미 드의 기획을 통해 상호 작용을 통한 사회적 규칙의 원리를 밝 히고, 뒤르켐의 사회학에서 사회적 규칙의 규범성을 제시했다. 그리고 다시 미드가 중시하는, 언어가 매개하는 상호 작용 과 정을 통해 규범으로서 도덕의 구체적인 형성을 밝히려 했다. "신성한 것의 언어화라는 생각은 뒤르케임에서 시사되기는 하 였다. 그러나 그것은 미드가 시도하는 재구성의 선을 따라야만 **구체적으로 전개**될 수 있다"(하버마스 2권, 153. 강조는 원문)는 하버 마스의 주장이 그와 같은 자신의 논거를 잘 말해 준다.

지금까지의 논의를 통해 우리는 하버마스가 의사소통 패러 다임을 구축하는 데 왜 미드와 뒤르켐의 이론을 연결 지어 논 의하려 했는가를 이해하게 된다. 하버마스는 사회적 규칙이란 사람들의 상호 관계를 통해서 만들어지는 것이라는 논점과, 그렇게 해서 만들어지는 규칙은 규범적 구속력을 지니는 도덕적 실체라는 논점이 교차하고 결합하는 자리 위에서 자신의 의사 소통 행위 패러다임을 구축하려 했다는 말이다. 하지만 하버마스의 패러다임 기획은 단순히 미드와 뒤르켐 이론의 수동적 재구성은 아니다. 이는 '체계와 생활 세계'라는, 사회에 대한 하버마스의 관점 위에서 답을 찾을 수 있다.

6장
근대 사회의 두 원리:
체계와 생활 세계

  하버마스의 의사소통 행위 이론 패러다임에 토대를 제공한 미드와 뒤르켐의 사회학적 관점에서 행위자는 자신의 사고와 행위를 시작하기 이전에 이미 자기 바깥의 상징적 질서에 들어와 있거나 사회적 규범의 세계로 둘러싸여 있다. 여기서 우리가 명확하게 해야 하는 전제는, 그 관점에 서면 자기 외부의 타자와 사회에 우선하는 고립적인, 또는 자기 완결적인 존재로서의 '나'는 성립할 수 없다는 사실이다. 달리 말하자면, 인간은 태어날 때부터 타자와의 의미 관계 속으로 투사되도록, 특정한 도덕과 규범으로 구축된 사회적 무대 위에서 살아가도록 운명 지어진 존재라는 것이다. 이와 같은 삶의 타자적, 사회적 조건은 사실상 깊이 고민하거나 성찰할 필요도 없이 즉각적으로 우리 앞에 놓여 있는 진리다. 우리는 그러한 조건을 '선이해'라고 부른다. 그러니까 그 조건은 합리적이고 논리적인 이해 이전에 이미 우리 삶의 부정할 수 없는 전제적 배경이라는 이야기다. 우리의 삶은 이러한 조건을 벗어날 수 없고, 그렇기 때문에 그 과정에서 파악해야 하는 참과 거짓의 기준 또한 타자성과 사회성에 의해 도출된다. 가령, 내가 경험한 어떤 현상이 참인지, 거짓인지를 알고자 할 때 내 속에 머물러서는 불가능하다. 우리는 주변 사람들에게 그와 같은 경험을 했는지를 물어보는 방식으로 답을 찾을 수 있다.

하버마스의 의사소통 행위는 언제나 이와 같은 상호적 관계와 규범의 세계 위에 자리하고 있는데, 그는 그 세계를 현상학의 개념인 '생활 세계life-world'를 통해 설명하고자 한다. 주지하는 것처럼, 생활 세계는 후설 현상학의 핵심적 용어다. 서구 근대 철학의 위기에 대한 근본적인 반성으로 정립된 현상학의 개념으로서 생활 세계에 대해 후설은 다음처럼 밝히고 있다.

따라서 아무리 세계를 보편적 지평으로서, 존재하는 객체들의 통일적 우주로 인식하더라도, 언제나 인간인 나와 우리 서로들이라는 '우리는' 세계 속에 함께 살아가는 자로서 곧 세계에 속한다. 그리고 이 세계는 곧바로 이러한 '서로 함께 살아감' 속에 있는 우리의 세계이고, 의식에 합당하게 존재하며 우리에 대해 타당한 세계이다. 일깨워진 세계의식 속에서 살아가는 자인 우리는 수동적으로 세계를 소유하는 토대 위에서 항상 능동적이며, 여기서부터 우리는 의식 영역 속에 미리 주어진 객체들에 주의를 기울이며, 상이한 방식들로 그러한 객체들을 능동적으로 다룬다(후설 2016, 204).

후설의 이어지는 해석에 따르면 생활 세계는 인간이 살아가는 데 이미 주어진 공동의 세계다. 그에 따르면, 사람들은 "언제나 함께 관찰하고, 함께 사고하며, 함께 평가하고, 함께 기획하며 협동하는" 생활 세계 속에서 태어나 그 속에서 살아가고 있다(후설 2016, 205).

데카르트로부터 칸트에 이르는 근대 철학은 스스로 진리를 파악할 수 있는 이성적 주체 위에 정립되어 있었다. 그 주체는 자기 스스로 완전하고 자립적인 존재로 나타나며, 자기 바깥의 세계를 자신과 함께 공존할 상호적 존재로 인식하지 않는다. 오히려 그 근대적 주체는 세계를 이성에 의해 드러나길 기다리는 수동적 대상으로 간주해 왔다. 세계는 이성적 주체의 합리적 언어 양식으로 재구성되고 환원될 운명체였다. 그와 같은 사유 구조 위에 서 있던 유럽의 근대는 모든 대상을 주체의 합리적 논리로 끌어들여 재구성해야 할 것들로 간주하고 실천해 옴으로써 위기를 초래했다고 후설은 생각했다. 그것은 호르크하이머와 아도르노가 서구 근대정신에 대한 비판적 사유를 시도하면서 사용한 개념인 '동일성의 폭력'이 만들어 낸 인식론적, 윤리적 위기다. 근대 철학의 고립적인 사유 주체 위에 유럽의 근대가 섰고 그로부터 위기가 초래되었다고 할 때, 문제 해결의 단초는 명백히 새로운 철학적 토대를 세우는 데서 찾아야 한다. 후설은 '지향성intentionality' 개념을 핵심으로 하는 현상학적 패러다임에서 그 답을 찾을 수 있다고 생각했다.

후설의 지향성 개념은 데카르트에 대한 비판적 논의 속에서 잘 드러난다. 후설은 데카르트 철학의, '그러므로 나는 생각한다'라는 근원적 명제 속의 사유 주체는 외부 세계의 구체적인 사물과의 관련성 없이는 존재할 수 없다고 이야기한다. 그에 따르면 "모든 사유 작용, 모든 의식 체험은 그 무엇인가를 생각하고 이렇게 사념된 방식으로 그 자체 속에 그때그때 그것이 사유된 대상을 지니며 각각의 사유 작용은 자신의 방식으로 이러한 것을 수행한다고 우리는 주장할 수 있다. 집에 대한 지각은 어떤 집, 더 정확하게는 이 개별적 집으로서 어떤 집을 생각하고, 집에 대한 기억을 기억의 방식으로, 집에 대한 상상을 상상의 방식으로, 각각 그 집을 지각의 방식으로 생각한다." 사유주체의 형식은 자신의 고립적 차원으로는 존재할 수 없고 외부 세계와의 필연적 연관성 위에서만 존재할 수 있는데, 그것을 지향성이라 부른다. 주체의 의식은 "무엇에 관한 의식이어야하고, 사유 작용은 그 사유된 대상을 자신 속에 지니고 있다"(후설·핑크 2016, 78-79)는 의미에서의 지향성이다.

주체와 세계 사이의 근대 인식론적 분리를 넘어 그 둘의 필연적 연관성을 선언하는 현상학의 지향성 개념은 사회적 지평 위에서 생활 세계 개념으로 이어진다. 철학자 차인석은 생활 세계에 대한 우리의 이해를 구체화하는 설명을 전해 주고 있다. 그에 따르면 모든 존재는 언제나 특정한 시공간을 의식하며 살아가고 있는데, 그 시공간의 세계에는 자신과 같은 인간들이 존재한다. 나의 인식, 경험, 체험 등 삶을 영위하는 데 필요한 모든 실천은 그러한 타인과의 관계 속에서 일어난다. 차인석은 "나와 같은 인간들도 존재한다. 나는 그들을 보며 그들이 내 앞을 오고 가는 것을 듣고 본다. 나는 그들의 손을 잡고 말을 건네며, 그들이 무엇을 생각하는지도 직접 이해한다. 또 나는 그들이 무엇을 느끼고 무엇을 원하는지도 안다. 나는 그들에게 주의를 기울이지 않더라도 그들은 나의 시계 안에 실재로서 존재한다. 나의 주위 세계는 언제나 나를 위해서 존재하고 나 자신은 그 성원이기도 하다"라고 이야기한다. 나와 타자의 필연적 관계성을 본질로 하는 그 생활 세계는 추상화된 관념의 세계가 아니라 삶이 일어나고 가치와 규범을 만들어 내는 구체적인 실천의 세계다(차인석 1992, 112).

여기서 알 수 있는 것처럼, 생활 세계는 인간 삶의 존재론적 형식이기도 하고, 가치론적 근거이기도 하다. 우리는 생활 세계에서 우리 주위의 것들과 함께 살아가며, 그 속에서 관계 맺는 것들을 가치 판단한다. 생활 세계는 물리적인 차원에서 타자성의 조건을 우리에게 부과할 뿐만 아니라, 타자와의 관계를 가치론적으로 평가할 배후 지식을 제공한다. "절대적 확실성"(하버마스 2007, 48)의 위상을 지니는 이 배후 지식을 통해 하나의 생활 세계는 생활 세계 구성원들의 실천을 매개로 자신의 규범적, 도덕적 토대를 지속적으로 유지해 나간다.

하버마스의 아이디어에 따르면 생활 세계는 세 개의 요소로 구성된다. "의사소통 참여자들이 세계 안의 어떤 것에 대해 상호 이해를 도모할 때 여러 해석을 조달하는 자원의 역할을 하는 비축 지식"으로서 문화, "의사소통 참여자들이 사회 집단에 소속감을 갖도록 규제하고 그럼으로써 연대를 확립할 때 의지하는 정당한 질서"로서 사회, "한 주체를 언어와 행위 능력이 있게 만드는 능력, 그러니까 상호 이해 과정에 참여하고, 이때 자신의 정체성을 주장할 수 있게 하는 능력"으로서 인성이다(하버마스 2권, 224-225). 그리고 이러한 세 요소 위에서 문화 재생산, 사회 통합, 사회화라는, 공동체의 질서 유지를 위한 조건들이 산출된다.

개념의 추상성을 해소하기 위해 우리는 일상에서 이루어지는 행위자들의 상호 작용을 생각해 볼 수 있다. 앞서 이야기한 고프먼의 이론이 이에 대해 많은 지적 지침을 주고 있는데, 우리는 다른 사람들을 일상적으로 만나서 언어와 행위를 통한 의미 교환과, 관계의 생산과 재생산 과정에 참여한다. 그런데 이러한 일상적 과정이 이루어지기 위해서는 무엇보다 상호 작용 행위자들이 상대의 언어와 행위를 어려움 없이 이해하고 공유할 수 있는 의미의 체계로서 문화를 전제로 한다. 우리의 일상은 언어와 행위의 의미 교환을 가능하게 하는 해석의 체계에 둘러싸여 있다. 그리고 그러한 해석의 체계 속에서 사람들은 상대가 전달하고자 하는 언어와 제스처를 해독하고 공유함으로써 관계를 구성해 내고, 유지해 나가며, 재생산해 나간다. 이를 위해서는 우리가 의례라고 부르는 일정한 사회적 절차와 규칙을 따라야 한다. 이러한 상호 작용 의례의 과정을 통해 사람들은 자신의 언어와 행위를 매개로 타자와 관계를 맺으면서 사회적 존재로서 자신의 정체성을 확립하고 유지하며 재생산해 나간다. 하버마스는 이를 인성의 형성이라고 부른다. 이러한 세 차원으로 구성되는 상호 작용은 문화라 불리는 구조, 규칙이라고 불리는 사회, 자아라고 호명되는 인성, 이 세 요소의 결합으로 구성되는 생활 세계 위에서 전개된다. 그리고 이 과정을 통해 문화 재생산과 사회 통합과 사회화를 산출해 가는데, 문화 재생산은 공동체 구성원들의 의견 합의를 가능하게 하고,

사회 통합은 공동체의 규칙들을 존중하면서 질서를 확립해 나가게 하며 사회화는 공동체에 대한 소속감을 만들어 내면서 하나의 공동체가 내적인 질서 속에서 유지해 나가는 것을 가능하게 한다.

하버마스는 생활 세계 내 행위자의 동학을 통해 그 세계에 대한 새로운 분석적 관점을 제안한다. 그는 생활 세계 내 행위자를 이중적 차원, 그러니까 생활 세계의 상징과 규범적 문법과 규칙을 따르는 수동적 존재이면서 그와 동시에 자신을 둘러싸고 있는 생활 세계의 상징적, 도덕적 질서를 질문하고 재구성하려는 능동적 존재로 이해할 것을 요구하고 있다. 그러한 차원에서 하버마스는 "행위 또는 상황의 대처는 행위자가 동시에 두 가지 방식으로 등장하는 하나의 순환 과정으로 나타난다. 책임질 수 있는 행위의 발의자로서, 그리고 —그가 서 있는 전승의, 그가 속하는 집단의, 그가 겪었던 사회화와 학습 과정의— 산물로서 말이다"라고 이야기한다. 생활 세계 속 행위자는 "전방으로부터는 행위자에게 상황과 관련된 생활 세계의 단면이 그 자신의 힘으로 해결해야 하는 문제로서 닥쳐오는 반면, 후방으로부터 생활 세계의 배경에 의해 뒷받침되고 있는"(하버마스 2권, 220) 양상을 보인다. 하버마스가 "생활 세계 개념의 문화주의적 축소"(하버마스 2권, 221. 강조는 원문)를 교정해야 한다고 말하는 것은 그러한 맥락의 논리다. 문화주의적 축소란 행위자가 생활 세계 내 행위 원리와 규칙을 당연하고 자연스러운 것으로 수용하는 관점을 의미한다. 이 지점에서 하버마스는 자신의 의사소통 행위가 수행되는 장소로서의 생활 세계를 자신만의 관점 위에서 새롭게 재구성하고자 한다. 그는 자신의 생활 세계를 '의사소통 이론적 생활 세계'라고 정의하면서 현상학적 생활 세계와 구별하고자 한다. 하버마스에게서 사회적 관계와 행위의 부인될 수 없는 배후, 또는 맥락으로 자리 잡고 있는 현상학적 생활 세계는 본질적으로 행위자들을 둘러싸고 있는, 행위자들이 벗어날 수 없는 구조로 나타난다. 이때 말하는 구조란 행위자들을 둘러싸고 있는 외적 조건이다. 그것이 의미하는 바는 결국 행위자는 자명하게 존재하는 생활 세계의 의미와 가치의 준거에 따라 행위하게 된다는 사실이다. 여기서 생활 세계는 일면적으로만 파악된다.

하버마스의 생활 세계와 그 속의 행위자들은 입체적으로 연결되어 있다. 그러니까 우선적으로 행위자들은 의미와 규범의 무대로서 생활 세계 안에서 자신의 행위를 의미화하고 사회적 관계를 맺으며 사회적 가치를 체화하지만, 자신이 살아가고 있는 상징적, 규범적 배경으로서 생활 세계를 언제나 수동적으로 수용하는 것은 아니다. 생활 세계는 오히려 행위자들의 의사소통 과정 속에서 자신의 존재 조건을 확인받기도 한다. 여기서 하버마스는 생활 세계 내 행위자의 '참여'와 '이야기'를 구분한다. 참여란 생활 세계의 상징적, 규범적 형식의 구조를 수동적으로 따르는 행위 과정이고, 이야기는 자신들을 둘러싸고 있는 생활 세계의 의미와 규범에 대한 행위자들의 상호적 의견 교환 과정이다. 하버마스에 따르면, 행위자들은 생활 세계라는 무대를 벗어나지 못하면서도 그 생활 세계의 의미와 규범 원리를 일방적으로 수용하고 재생산하기보다는 상호 이해의 과정을 통해 주체적으로 해석하고 의미화하면서 그것을 체현한다. 행위자들은 "문화적 지식을 바탕으로 상호 이해를 도모하고, 또 상호 이해 작업의 성과를 통하여 문화적 지식을 재생산하는 동안, 그들은 동시에 집합체에 대한 소속감과 자신들의 정체성을 재생산한다"(하버마스 2권, 227)고 하버마스는 말한다.

하버마스가 해석할 때, 미드의 상호 관계와 뒤르켐의 사회적 행위가 자리하는 생활 세계는 궁극적으로 사회화와 사회 통합의 과정으로 설정되어 있다. 미드에게서 행위자의 상호 작용은 궁극적으로 사회화라는 목표를 지향하고, 뒤르켐의 사회적 행위는 사회 통합이라는 필요에 연결된 것으로 보인다. 미드의 행위자들은 타자와의 의미 교환 과정을 통해 사회적 가치를 체현하고 있는 도덕적 자아me로 탈바꿈할 것을 요청받고 있고, 뒤르켐의 행위자들은 사회적 의례에의 참여를 통해 다른 구성원과 가치를 공유함으로써 사회적 통합의 존재가 될 것을 요구받는다. 여기서 하버마스의 비판적 논의가 시작되는데, 행위자들은 그러한 방식으로 자신들을 둘러싸고 있는 생활 세계의 의미와 가치를 수용하며 내재화하고 공유함으로써 사회의 유지와 재생산에 기여하지만, 두 사상가는 그 속에서 행위자들이 생활 세계의 의미와 규범의 형식을 주체적으로 문제 삼으면서 의견을 상호 교환할 가능성을 제시하지 않고 있다는 이야기다.

근대법의 본질을 다루는 저서 『사실성과 타당성』에서 하버마스는 그와 같은 문제에 접근하고 있다. 그는 어떻게 보면 극단화된 생활 세계의 한 유형으로서 강력한 종교적, 정치적 권위에 둘러싸인 사례를 언급한다. 가령, "공격 불가능해 보이는 권위를 주장하면서 등장하는 고대적 제도가 그것이다. 터부를 통해 보호받는 부족사회의 제도 속에서는 인지적 기대와 규범적 기대는 아무 구별 없이 동기 및 가지 정향과 결합되어 하나의 신념 복합체 속으로 공고하게 융합된다."(하버마스 2007, 49) 절대적 권위에 결합되어 있는 전근대적 생활 세계의 요소들은 정당성의 근거에 대한 합리적 물음을 거부하면서 공동체 질서 창출의 강력한 동력으로 기능한다. 여기서는 하버마스가 사용하고 있는 '의사소통적 생활 세계' 개념이 성립하지 않는다. 하지만 그와 같은 생활 세계 원리가 자신의 정당성을 더 이상 유지하지 못하는 상황에서라면 이제 공동체 질서를 창출하는 새로운 생활 세계 원리가 필요해진다고 생각할 수 있다. 하버마스에 따르면 "생활 세계가 분화되고 다원화되고 탈마술화되고, 이와 동시에 신성한 권위의 구속에서 풀려나고 강력한 제도로부터도 해방"되어 구성원들 사이의 "의견 불일치의 위험이 늘어날 때"(하버마스 2007, 53) 기왕의 생활 세계는 더 이상 문화 재생산과 사회 통합과 사회화를 안정적으로 견인할 수 없게 된다. 왜냐하면, 생활 세계 구성원들이 자신들의 삶과 관계의 문화적 준거와, 규칙과 가치의 내면화를 받아들이지 않을 것이기 때문이다. 하버마스는 이러한 문제를 구성원들 사이에서 합의를 이끌어 낼 해석 틀의 부재(의미 상실), 사람들의 행동에 질서를 부여할 규칙의 부재(아노미), 자신이 속한 공동체 가치와의 동일화 부재(심리이상: 하버마스의 용어)로 서술하고 있다(하버마스 2권, 231).

생활 세계 위에서 문화를 재생산해 가면서 통합과 사회화를 매개로 공동체 질서를 안정적으로 구축하고 유지해 가는 과정에서 장애가 발생하는 것은 궁극적으로 근대성의 출현에 기인한다. 즉 하버마스에 따르면 "세속화된 사회"(하버마스 2007, 52)의 등장을 의미한다. 신성성, 또는 종교성 위에 가치 체계와 세계관이 확립되어 있고 모든 구성원이 전체의 일부로 여겨지며 물질적 가치가 자율성을 획득하지 못하는 전통 사회의 체계와 세계관이 합리적 이성에 의해 의심을 받게 되고, 전체의 일부로 남아 있던 개인들이 자신의 고유한 합리성으로 성찰을 시도하며, 그 개인들이 물질적 성공이라는 새로운 가치 지향을 추구하는 근대적 운동에 의해 도전받고 궁극적으로 해체되는 상황이다. 이제 전통적 규범의 권위가 상실되어 가는 근대 사회에서는 근본적으로 상이한 질서의 패러다임이 필요하다. 서구 역사 속에서의 근대를 이해하자면, 무엇보다 세속적 세계가 자율성을 획득해 가는 과정을 뜻한다. 서구 근대는 우주와 자연과 사회를 합리적으로 관찰하고 이해하려는 과학적 사유의 세계와 보다 많은 물질 생산과 소비를 통해 부와 풍요를 획득하려는 자본주의 세계가 자기 내부의 정당성을 구축하고 강화해 가는 일련의 과정으로 탄생했다. 이제 하나의 전체로 묶여 있던 사회로부터 과학적, 물질적 합리성이라는 자기 고유의 원리로 구축된 세속적 세계가 떨어져 나와 자율성을 획득함으로써 탄생한 근대는 새로운 통합과 질서의 원리를 필요로 한다. 그런 차원에서 하버마스는 근대 사회를 체계와 생활 세계로 구분하고 그 두 상이한 세계에 각각 체계 통합과 사회 통합이라는 개념을 적용한다. 하버마스는 이 두 개념의 구분선 위에서 전통 사회에서 근대 사회로의 진화를 추적하고, 그에 맞추어 통합과 질서의 근대적 원리를 규명한다.

하버마스는 전근대 사회에서 근대 사회로의 이행을 두 차원에서 이해한다. 미분화된 하나의 전체로 존재하던 생활 세계가 체계와 생활 세계로 분화되는 차원과, 체계와 생활 세계가 각각 자신의 합리성 원리를 증대하는 방향으로 나아가는 차원이다. 먼저 체계와 생활 세계의 분화, 또는 분리는 기존의 생활 세계 가치 원리를 벗어나 자신의 자율적인 단위로 형성되면서 일어나는데, 이제 체계는 전통적 규범과 도덕의 규제를 떠나 경제적 합리성과 행정 효율성이라는 새로운 질서 원리를 통해 운동한다. 예컨대 국가 행정과 밀접히 결합한 근대적 자본주의 경제를 연상할 수 있다. 그렇게 되면서 생활 세계는 사회 전체를 통합적으로 규제하고 질서화하는 위치에서 벗어나 사회의 일부 영역 중 하나로 변모한다. 다음으로, 체계는 자본주의적 이윤 합리성과 행정의 관료주의적 기능성의 점차적 확장을 통해 자기를 유지하고 재생산해 나가고 확장해 나가며, 생활 세계는 과거의 작동 원리를 벗어나 구성원들의 합리적인 사유와 의사소통에 입각해 새로운 가치와 규범의 자리로 탈바꿈한다. 하버마스는 이것을 "체계의 복잡성 증가와 생활 세계의 합리화"(하버마스 2권, 247)라고 명명하고 있다.

체계와 생활 세계라는 개념적 도식을 기반으로 하버마스는 전근대적 사회에서 근대적 사회로의 진화를 해석해 나가고 있다. "강한 집합 의식을 가진 환절적 사회"에 비유되는 전근대적 사회를 하버마스는 사회학자 루크만Thomas Luckmann의 관점을 빌려 설명해 내고 있다. 루크만이 말하는 강한 집단의식에 기초하는 미분화된 사회에는 사회 제도와 개인의 삶을 하나의 연관으로 통합해 내는 힘으로 통일적 세계관이 형성되어 있다. 그 세계관은 사회 구조 전체를 지배하고 있을 뿐만 아니라 개인의 주관적인 해석에 절대적 영향력을 행사한다(하버마스 2권, 249). 사회 부분들의 분화가 일어나지 않은, 따라서 "집합적으로 공유된 동질적 생활 세계"(하버마스 2권, 249)로서 환절적 사회는 친족 체계 원리에 깊게 뿌리내리고 있다. 그와 같은 친족 체계는 일종의 총체성으로 작용하는데, 말하자면 사회적 소속과 역할 성격과 공동체의 경계를 만들어 내는 궁극적 기준이 된다는 것이다. 하버마스에 따르면 이처럼 친족 체계에 근거하는 환절적 사회는 일종의 '제식 공동체'로 존재하는데, 거대한 종교적 질서에 입각한 사회라는 의미다. 그 종교적 질서는 공동체의 세계관이기도 하고, 집단적 관계의 원리이기도 하고, 구성원의 삶의 준칙이기도 하다.

하버마스는 이러한 사회의 특성을 행위와 기능의 차원에서 이해한다. 우선적으로 행위 차원에서 성공 지향적 행위와 이해 지향적 행위라는, 합리적 행위의 두 차원이 아직까지 구분되지 않을 뿐만 아니라 이해 지향적 행위의 원리 또한 미성숙한 채로 남아 있다. 그러니까 "신화적 세계관이 행위 태도를 통제하는 한에서는 이해 지향적 행위와 성공 지향적 행위가 아직 분리될 수 없다. 상호 작용 참여자가 말하는 '아니오'는 아직 타당성 주장에 대한 비판적 잠재력을 구속하는데, 말하자면 의사소통 자체로부터 생겨나는 내적 우연성의 원천을 막아 버린다."(하버마스 2권, 253) 앞서 살펴본 것처럼, 성공 지향적 행위가 자신의 물질적 이익을 추구하기 위한 목적 합리적 행위라면, 이해 지향적 행위는 가치의 교환과 공유를 통해 상호 윤리적 관계를 맺는 규범적 행위다. 종교적 세계관이 지배하는 사회에서 세속적인 목표를 지향하는 성공 지향적 행위가 자율적인 차원으로 성립하기는 쉽지 않아 보인다. 또한 자신을 둘러싸고 있는 종교적 세계관에 대한 절대적 믿음이 지배하는 구조 속에서 그에 대한 합리적인 성찰과 비판을 통해 검증을 요구하는 태도 또한 존중되기 어려울 것이다. 그것은 합리적인 사유 능력을 발휘할 수 있는 '개인'의 형성에서만 유래할 수 있는 변화이기 때문이다. 다음으로 그 사회에서는 "성, 나이, 혈통에 따른 역할의 분화"(하버마스 2권, 253)가 일어나긴 하지만 아직까지 자신의 고유하고 전문적인 기능 분화와는 다르다. 하버마스는 "단순한 기술을 지닌 소규모 사회에서, 일반적으로 낮은 수준의 생산력을 가진 사회에서, 분업은 일생 동안 행사되는 전문화된 숙련성에 기초하지 않는다"(하버마스 2권, 254)라고 말한다.

환절적 사회의 특성에 대한 하버마스의 논의는 궁극적으로 체계와 생활 세계의 관점에서 전개된다. 체계라는 근대적 영역이 경제와 행정이라는 두 가지 요소로 구성된다고 볼 때, 환절적 사회에서는 이러한 두 요소가 아직까지 구분되어 있지 못한 상태다. 그 이유는 두 가지다. 첫째, 이 사회에서는 물질적 풍요가 지배적인 가치가 되지 못하기 때문인데, 하버마스는 하나의 예로 교환의 문제를 들고 있다. 근대 사회에서의 교환이 사회의 물질적 수준을 높이기 위한 경제적 메커니즘에 관련된 것이라면, 전근대 사회에서 교환은 경제적 필요와 깊이 결합하고 있지는 않다. 하버마스는 인류학자 말리노프스키Bronislaw Malinowski가 관찰한, 남태평양 트로브리안드 제도에서 전통으로 내려오고 있는 쿨라Kula무역과 북아메리카 원주민 사회에서 규칙적으로 수행되고 있는 포틀래치Potlatch를 이야기하고 있다. 잘 알려져 있는 것처럼, 이 물물교환 제도는 교환에 참여하는 공동체의 부의 축적을 위한 것이 아니다. 쿨라의 경우, 섬에 살고 있는 부족 공동체들의 상호 호혜와 신뢰의 유지 및 강화라는 비경제적 목적에 관련된 것이고, 포틀래치는 한 부족의 권력자가 상대 부족을 대상으로 물질적 수혜를 제공함으로써 자신의 관대함과 카리스마를 연출하는 의례로서, 역시 경제적 합리성과는 무관하다. 포틀래치와 관련해 우리는 원시 사회에 대한 클라스트르Pierre Clastres의 입론을 검토해 볼 수 있다. 클라스트르는 아메리카 대륙의 원시 사회에 대한 한 연구에 의거해 정치권력자로서 추장의 특징을 이야기하고 있는데, 흥미롭게도 추장은 물질적인 것에 대한 무관심의 태도를 보여야 한다. "지도자가 자기 물건이 없어지는 것에 대해 연연해하면 그 즉시 모든 위신과 권력은 실추되"며, "탐욕과 권력은 양립할 수 없고 추장이 되려면 관대하지 않으면 안 된다."(클라스트르 2005, 41-42) 이러한 맥락에서 하버마스는 "부족사회의 교환 메커니즘은 제한된 범위에서만 경제적 기능을 맡는다"(하버마스 2권, 259), "아직 화폐화되지 않은 원시 사회의 경제 교류에서 교환 메커니즘은 규범적 맥락으로부터 제대로 분리되지 않는다. 그래서 경제적 가치와 비경제적 가치 사이를 분명히 가르는 것은 거의 불가능하다"(하버마스 2권, 260)라고 말한다.

둘째, 이러한 부족사회에서 정치권력은 조직화된 수준으로 진화되어 있지 못한 상태이기 때문이라고 하버마스는 말하고 있다. 근대적인 정치권력은 공동체의 생존에 관련된 목표를 달성하기 위해 효율적인 조직 원리에 따라 자원과 기능을 적절히 배치하는 전문적 능력(행정)을 지니고 있고 그에 맞추어 권력의 정당성을 획득하지만, 부족사회에서 정치권력은 "계보, 출신의 고귀함, 신적 혈통 등에 뒷받침되는 명망"을 지닌 "지배적인 혈통 집단"(하버마스 2권, 257)에 의해 행사되는 수준에 머물러 있다. 이와 같은 전근대적 정치권력은 사실상 근대 국가가 가장 중대하게 떠맡아야 할 세속적인 부의 생산과 분배로부터 멀리 떨어져 있고, 그렇기 때문에 관료제적 행정의 분업과 효율이 관철되는 체계로 진화해 나갈 동력을 만날 수 없는 상태다. 따라서 그 권력은 여전히 인격성과 혈통성에 기반을 두는 전근대적 원리에 머물러 있을 수밖에 없다. 이 같은 논의에 대한 결론으로 하버마스는 "체계의 메커니즘이 사회 통합의 역할을 하는 제도들로부터 아직 분리되지 않고 있다"(하버마스 2권, 259)라는 명제를 제시하고 있다.

경제, 정치, 종교, 문화가 분화되지 못하고 하나로 결합되어 있는 전근대적 생활 세계 구조가 분화됨으로써 이제 새로운 형태의 통합 메커니즘이 만들어지는데, 체계 통합과 사회 통합의 분리다. 우리는 이러한 분화의 운동을 근대성이라고 부른다. 역사적으로 이러한 분화는 두 차원에서 진행되었는데, 하나는 새로운 원리를 갖는 국가의 형성이고, 다른 하나는 자본주의 경제의 등장이다.

먼저 근대 국가의 성격과 관련해 하버마스는 "전통 사회에서 국가는 사회 전체로서 집합체의 행위 능력이 **집중**된 조직인 반면에, 근대 사회는 조절 기능을 단 하나의 조직의 틀 안에 집적하는 것을 단념한다. 전체 사회에 중요한 기능들은 여러 행위 체계로 배분된다. 행정, 군사, 사법과 함께 국가 기구는 구속력 있는 결정을 통하여 집합적 목표를 실현하는 일에 전문화된다"(하버마스 2권, 270. 강조는 원문)라고 말하면서 근대 국가의 본질에 접근한다. 피어슨Christopher Pierson이 『근대 국가의 이해』에서 근대 국가의 본질적 특성들로 주권, 영토권, 입헌성, 공공 관료제 등을 언급한 것처럼(피어슨 1998, 23), 근대 국가는 주권의 이름으로 자신의 영토에 대한 단일의 통치를 실현하고자 한다. 그것은 일반적이고 추상화된 명령으로서 법률에 의한 통치와, 기능적으로 분화되고 전문화된 행정 체계로서 관료제에 의한 통치로 실천된다. 이 두 원리와 제도는 이념적, 조직적 일반성과 보편성의 구현이기 때문이다. 근대적 국가 권력은 비록 인격적 외양을 띤다고 하더라도 법률적 추상성으로 자신의 존재성을 드러내고(풋지 1995, 157), 기능적 분리와 효율성으로 조직화된 행정 조직을 통해 자신의 영토를 관리한다.

다음으로 하버마스는 근대 사회에서 화폐와 시장 원리라는 자율적 조절 메커니즘을 지닌 자본주의 경제의 등장에 주목한다. 하버마스에 따르면 "국가는 전체 사회의 경제를 조절하는 기능을 넘겨주게 되는데, 이제 화폐 매체가 그러한 기능을 전문적으로 맡게 되며, 규범적 맥락에서 벗어난 한 하부 체계의 기초가 된다. 자본주의 경제는 더 이상 전통적 국가처럼 제도적 질서로 파악될 수 없다."(하버마스 2권, 270) 하버마스가 『공론장의 구조 변동』에서 밝힌 것처럼, 근대 사회의 자본주의 경제는 중상주의라는 이념 위에 구축된, 정치권력과의 밀접한 결합 관계로부터 떨어져 나와 스스로 자립적인 영역으로 전환되었다. 자유방임주의라는 이념적 지지물 위에서 자본주의 경제는 공권력의 간섭이 허용되지 않는 사적 영역으로 규정되었고, 국가 권력의 개입이 아니라 시장과 화폐라는 내적 조절 원리에 따라 생산과 교환과 소비가 일어나는 영역으로 탈바꿈했다. 이 기적인 행위자들의 자유로운 교환 과정을 통해 물질적 생산과 이윤을 극대화하는 것을 궁극적 목표와 원리로 설정한 세계, 그러한 목표와 원리가 그 자체로 정당화되어 어떠한 도덕규범의 기준으로부터도 자유로운 세계로서 자본주의 경제가 탄생한 것이다.

논의를 요약하면, 근대적 국가 행정, 그리고 자본주의 경제의 등장과 성장 속에서, 사회적 통합과 질서의 궁극적 원리로 기능해 온 전통적 생활 세계와는 다른 새로운 통합과 질서의 원리를 갖는 영역인 체계가 만들어졌다는 이야기다. "자본주의적 기업과 근대적 행정기관은 규범에서 자유로운 하부 체계 내에서 체계 논리에 따라 자립화된 단위들이다"(하버마스 2권, 272)라는 명제는 그러한 맥락에 자리한다. 하버마스는 그러한 체계의 작동 원리로 권력과 화폐를 말한다. 그 권력과 화폐는 체계 내 행위자들을 언어를 매개로 집합적 가치에 관한 합의 형성에 참여하게 하기보다는 일정하게 양화된 수준의 성과를 위해 전략적으로 사고하게 하고 목적 합리성에 따라 행동하게 한다. 권력과 화폐는 구성원들을 보상과 손해의 원리로 규제한다. 그 체계의 원리는 상호 이해를 통해 공통의 가치와 규범에 도달하려는 생활 세계 원리와 근본적으로 구분된다. 그 속에서 생활 세계의 원리를 적용할 수는 없다. 궁극적으로 이처럼 자신의 고유한 운동 원리로 구축되면서 체계는 생활 세계로부터 독자적인 영역으로 탄생한다(하버마스 2권, 287).

이 체계는 베버가 말한 목적 합리적 행위 원리의 가장 전형적인 세계로 해석된다. 이 세계의 작동 원리로서 화폐와 권력, 또는 시장과 행정은 생활 세계의 원리인 도덕규범으로부터 벗어나 있다. 거기서는 더 많은 이윤을 획득하고, 권력을 통해 더 효율적인 행정을 실행하는 것을 궁극적 목표로 삼으며, 그것을 달성하기 위한 전략적 사고와 언어와 실천이 지배한다.

하버마스는 근대 세계가 이처럼 체계와 생활 세계라는 이질적인 두 영역으로 분화해 나가는 것 자체를 문제시하지는 않는다. 그것은 서구 근대 합리성의 두 측면이 독자적으로 발현된 사회 진화의 결과물이다(브랜트 2000, 71). 근대 사회가 체계 형성을 통해 내적 합리성을 실천해 나가는 동안, 생활 세계 또한 하 버마스가 앞서 사용한 개념인 생활 세계의 합리화 과정을 의미 하는, 규범의 일방적인 수용이 아니라 의사소통을 통해 그러한 규범을 문제시하고 새롭게 의미 규정하려는 의사소통 합리성 을 구축해 나간다.

여기서 하버마스는 근대 사회에서 체계가 자신의 규모와 영 향력을 확대하고 강화해 가면서 생활 세계의 통제력을 넘어가 는 상황에 주목하고 있다. 그에 따르면 이 상황은 "규범에서 자 유로운 사회성이라는 제2의 자연으로 응고된" 체계가 "생활 세 계의 지평을 뚫고 나가 버리"(하버마스 2권, 273)는 것으로 해석된 다. 이 말은 결국, 체계는 자신의 고유한 합리성의 원리를 따라 운동하는 영역이지만, 그것의 궁극적 존재 근거와 정당성은 생 활 세계 속 도덕규범에 의해 확보된다는 것을 의미한다. 베버 의 관점으로 설명하자면 자본주의 체계가 자신의 내적 원리를 따라 움직이더라도 그것의 궁극적 의미는 체계 바깥의 종교적 윤리성에 닻을 내리고 있다는 논리에 유비될 수 있을 듯하다. 그런데 상황은 오히려 역전되고 있다. 근대 사회에서 행정과 경제의 지배력이 점점 더 커지면서 생활 세계가 자신의 독자성과, 체계에 대한 도덕적 정당화의 근거를 상실해 가는 국면이 만들어지고 있다는 것이다. 여기서 하버마스는 "체계의 복잡성이 커질수록 생활 세계가 더욱더 변방으로 밀려난다", "분화된 사회 체계에서 생활 세계가 하나의 하부 체계로 위축된다"(하버마스 2권, 273)라고 진단한다. 우리는 서구 자본주의와 국가 행정의 확대로 모든 사회 영역이 이윤과 조직적 효율성의 논리에 포섭되어 간다는 베버의 비관적 예견을 다시 떠올리지 않을 수 없다.

근대 사회에서 체계가 생활 세계로부터 떨어져 나와 자기 고유의 통합과 질서의 논리를 따라 운동하면서 실증적이고 형식적인 법률에 지배되는 합리적 행위가 일반화된다. 자본주의 경제 체계는 사법私法이 관할하고 통제하는 합리적 행위를 따르며, 국가 행정은 공법公法이 지배하는 합리적 행위에 의해 움직인다. 여기서 중요한 사실은 전통적으로 생활 세계 속에서 도덕과 분리되지 않았던 법이 이제 도덕적 속성을 탈피하면서 행위의 도덕적, 윤리적 동기를 더 이상 묻지 않는다는 점이다. 체계의 법률은 오직 행위와 법률의 문서적 합치 여부만을 판단한다.

체계와 생활 세계는 두 개의 상이한 합리성을 표상하는 분석적 개념이지만, 현실에서 이 두 세계는 결합되어 있다. 그러니까 국가 행정은 생활 세계 구성원들의 일상적 삶을 관리하고 통제하며, 그 대가로 구성원들은 국가를 유지하기 위한 세금을 제공한다. 그리고 경제는 그들의 노동력을 동원하고, 그 대가로 물질적 재화를 제공한다(브랜트 2000, 99). 이것이 바로 하버마스가 『공론장의 구조 변동』에서 추적한, 그리고 『의사소통 행위 이론』의 결론에서 본격적으로 논의한 19세기 후반 이후 서구 근대 사회의 모습이었다. 국가와 자본이 밀접하게 결합하고, 행정이 복지의 이름으로 개개인들의 일상에 깊숙이 개입하고, 삶의 여러 영역이 효율성과 이윤의 논리를 따라 변형되어 가는 후기 자본주의 현상이었다.

국가 행정과 자본주의 경제 원리가 생활 세계에 광범위하게 침투하는 것은 궁극적으로 생활 세계의 고유한 합리성이 체계 합리성에 의해 대체되는 것을 의미하며, 그것은 곧 체계의 존재 근거와 정당성의 원천으로서 생활 세계의 위상이 위협받는다는 것을 뜻한다. 하버마스는 이러한 역전 현상을 "생활 세계의 부속화"(하버마스 2권, 292)라고 명명했다. 그리고 도덕규범 창출을 통해 사회 통합의 토대를 만들어 내는 생활 세계의 합리성이 체계 합리성에 의해 대체될 때 하버마스는 그것을 "생활 세계의 식민화"(하버마스 2권, 307)라고 묘사했다. 생활 세계의 부속화, 식민지화로 규정되는 현실은 외견상 기능적, 행정적 효율성에 입각해 사회 전체의 통합을 이루어 내는 것 같지만, 사실을 말하자면 대단히 심각한 혼란과 갈등을 일으키며, 종국적으로 생활 세계로부터 국가 정당성에 대한 도전과 위기를 피할 수 없다. 왜냐하면, 생활 세계가 기능과 효율의 논리로 환원되는 것은, 곧 삶의 도덕적, 규범적 의미 상실을 초래하기 때문이다. 이것이 하버마스가 체계 이론가들을 비판하는 핵심적인 지점이다.

근대 사회의 특성에 접근하려는 하버마스의 시각은 두 가지 점에서 이론적 장점을 지닌다. 첫째, 뒤르켐과 베버 비판으로 드러나는 장점인데, 근대 사회를 생활 세계, 또는 체계의 단일 구조로 환원하는 방식으로는 그 사회의 독특한 운동 논리를 이해할 수 없다는 것이다. 즉, 근대 사회의 노동 분업을 체계 차원이 아니라 사회적 도덕과 연대 창출을 통한 질서 형성이라는 생활 세계의 차원으로만 이해하고 있는 뒤르켐과, 근대 사회를 자본주의 체계 원리에 의해 지배되는 과정으로 바라보고 있는 베버의 한계를 넘어서는 이론적 종합을 하버마스가 시도하고 있다는 말이다. 둘째, 근대 합리성을 체계 합리성과 생활 세계 합리성으로 구분함으로써 합리성에 대한 일면적 해석이 지니는 해석적, 전망적 오류를 넘어설 수 있다. 특히 베버로부터 프랑크푸르트학파 1세대 사상가들에 이르는 비관주의로부터 벗어날 수 있는 이론적 가능성을 열어 준다.

7장
파슨스의 질서 이론 비판과 대안:
사회 통합의 진정한 무대로서 생활 세계

하버마스는 미드와 뒤르켐의 사회학에 대한 비판적 경유를 통해 자신의 의사소통 행위 이론이 갖는 분석적 강점을 드러내고자 했다. 한 번 더 정리하자면 미드의 이론은 사회적 규범과 가치가 사회 구성원들의 상호 작용에 의해 만들어진다는 점을 명쾌하게 제시하고 있지만, 그의 이론은 왜 그 규범과 가치가 구성원들 모두에게 '도덕적으로' 수용되는지를 밝히지는 못한다. 그리고 뒤르켐의 경우 사회적 규범과 가치의 도덕적 본질을 강조하고 있지만 그것들이 어떻게 도덕적 정당성을 확보하게 되는지를 말해 주지는 못한다.

하버마스에게서 자신의 의사소통 행위 이론은 그러한 이론적 한계를 넘어설 수 있는 방법론적 지평을 열어 주고 있다. 그는 그러한 이론적 경로 위에서, 다양한 행위 유형으로 분화된 근대 사회가 어떻게 정당성을 지닌 질서를 만들어 내고 유지하는가라는 질문에 대한 독창적 해답을 제시한다는 의사소통 행위 이론의 전체적 상을 그린다. 하버마스는 이 작업 과정에 또 한 사람을 불러 세운다. 바로 미국의 사회학자 파슨스다.

하버마스가 이야기하고 있는 것처럼, 파슨스 사회학은 인간 행위들이 어떻게 무질서를 만들어 내지 않고 안정적인 관계로 구축되고 유지되는가라는 질문에 답하고자 한다(하버마스 2권, 316). 파슨스는 행위의 제도적 질서 원리에 관한 이 문제의 답을 일차적으로 행위 내부에서 찾으려 한다. 파슨스는 1937년 저작인 『사회적 행위의 구조』에서 마샬Alfred Marshall, 파레토Vilfredo Pareto, 뒤르켐, 베버의 행위 이론에 대한 비판적 해석을 통해 자신의 행위 이론을 구축한다. 그 고전 이론들의 교집합 위에 서 있는 것으로 보이는 자신의 행위 개념을 파슨스는 '의지적 행위 voluntaristic action'로 명명하고 있다. 그렇다면 의지적 행위란 무엇인가?

하버마스에 따르면, 파슨스의 행위 개념은 베버가 근대의 지배적인 형식이 될 것이라고 말한 목적 합리적 행위의 기반 위에서 출발한다. "그러니까 파슨스는 베버처럼 모든 행위에 내재한 목적 활동의 목적론적 구조를 사회적 행위의 개념을 분석하기 위한 길잡이로 삼는다"(하버마스 2권, 321) 이야기다. 근대 사회의 운동과 질서에 대한 베버와 파슨스의 이와 같은 공통의 출발선은 궁극적으로 근대의 핵심적 현상이라고 할 수 있는 자본주의에 대한 관심에서 추출된 것이다. 베버가 그러했듯이 파슨스 또한 "자본주의의 본질, 자본주의의 내력, 성격, 전망, 그리고 자본주의의 여러 이론에 열렬한 관심을 나타내었다."(굴드너 1982, 222) 그런데 여기서 파슨스는 자본주의 행위의 핵심적 원리인 목적 합리적 행위가 가져올 결과를 비관적으로 바라본 베버에 동의하지 않았다. 그 행위는 궁극적으로는 질서와 조화를 만들어 낼 것인데, 그러한 입장은 자신의 의지적 행위 원리에 근거하고 있다.

파슨스의 질문, 그러니까 목적 합리성의 지배를 받는 이기적 행위들이 어떻게 충돌과 파국을 초래하지 않고 조화와 질서를 이끌어 내는가라는 질문은 서구 자본주의 사회가 답해야 했던 중대한 물음이 아닐 수 없었다. 그것은 근대 사회의 경제적 욕망이 가져올 위험에 대한, 홉스Thomas Hobbes로부터 헤겔에까지 이르는 사상적 고민인데, 파슨스는 홉스와 로크 사상의 검토를 통해 그에 대한 자신만의 답을 찾아간다.

주지하는 바와 같이 홉스의 질서 모델은 행위자들이 자기 생명과 소유를 안정적으로 확보하고 지키기 위해 자신의 권리 일체를 양도해 특정한 권력에 복종하는 계약인데, 파슨스는 정치권력에 대한 강제적 복종이라는 불안정성 위에서 성립한다는 점에서 그 모델은 지속적인 대안이 될 수 없다고 평가한다. 그러니까 홉스의 평화는 행위자들이 자발적으로 동의할 만한 합의와 규범이 아니라 자신들의 이기적 이해 관심에 입각해 일종의 강요된 약속을 지키는 전략적 고려에 불과하다는 것이다. 파슨스는 "규범의 준수를 외적 제재를 통해서만 확보하는 인위적 강제 질서는 지속성을 가질 수 없을 것이고, 그래서 사회적 질서가 어떻게 가능한가라는 물음에 대한 설명 모델로 적합하지 않을 것이라고 본다."(하버마스 2권, 333) 파슨스가 요청하는 것은 행위 주체들 모두의 자발적이고 상호적인 동의를 갖는 규범의 산출이다.

파슨스는 로크를 통해 이 문제에 대한 진전된 논의를 이어 간다. 하버마스에 따르면 파슨스는 로크의 경우, 자신의 무한 욕망에 따라 판단하고 행위하는 닫힌 이기적 행위 모델을 상정하고 있지 않다고 해석한다. 우리가 잘 아는 것처럼, 로크의 자연 상태는 갈등과 혼란의 전쟁 상태가 아니다. 예외적 갈등이 초래될 가능성이 상존하지만 대체적으로는 사람들 사이의 평화가 지속되는 곳이다.

그렇다면 이러한 차이는 어디서 유래하는가? 사실 로크의 자연인들은 자연권으로서 소유권을 지녔기 때문에 홉스적 갈등 상황이 발생할 가능성이 상존해 보인다. 하지만 로크는 『통치론』에서 그렇지 않다고 이야기하고 있다. "우리에게 이런 수단을 통해서 소유권을 부여하는 동일한 자연법이 또한 그 소유권을 제한하기 때문이며", "한 인간이 자신의 근면으로 그 풍성함의 일부분을 차지하더라도 다른 사람에게 손해가 될 정도로 그것을 독점하는 경우란 거의 없었기"(로크 1996, 37-38) 때문이다. 이 문제와 관련해 파슨스는 "무엇이 이러한 차이를 만들어 내는가?"라고 질문하고 답을 찾아간다. 그가 주목하는 것은 로크의 자연 상태 개념이다. 그것은 만인의 만인에 대한 전쟁 상태인 홉스의 자연 상태와 다르다. "로크의 자연 상태는 자연법인 이성이 통치하는 호혜적 상태다." 거기에는 "모든 인류에게 모든 사람은 평등하고 자립적이기 때문에 어느 누구도 타인의 삶, 건강, 소유물에 해를 가해서는 안 된다는 사실을 가르친다"는 이성의 원리가 자리하고 있다(Parsons 1967, 96).

로크의 이러한 관점은 다분히 근대 자유주의 경제가 기반하고 있는 시장에 의한 자동적 조절의 원리에 연결되어 있다. 그러니까 자신의 개별적인 물질적 목표를 추구하는 합리적 인간들 내부에는 갈등을 피하면서 균형에 도달하게 하는 원리가 장착되어 있다는 말이다. 그것은 애덤 스미스Adam Smith가 『도덕감정론』에서 인간이 본래부터 가지고 있는 공감의 마음이 조화를 가져온다고 말한 것과 맥락을 같이한다. 그러므로 외부의 힘에 의한 인위적인 개입은 필요 없다는 자유방임주의로 귀결된다.

하지만 파슨스는 이기적 개인들 사이의 자연스러운, 또는 자동적인 조화와 질서의 창출이라는 관점을 수용하지 않는다. 이와 관련해 하버마스의 해석을 언급할 수 있다. 하버마스에 따를 때, 파슨스는 "로크에서 스펜서에 이르는 경험주의적 설명이 일차적 기준으로 삼는, 시장에 의해 조절되는 경제적 행동의 영역에서도, 우리는 앞서 언급한 뒤르케임의 논거에 의지하여, 규범화되지 않은 채, —즉 이해 관심에 따른 행위가 가치관을 통해 제한되지 않은 채,— 사실적으로 자리 잡게 된 사회 행동은 안정화될 수 없다는 것을"(하버마스 2권, 333) 인식했다. 그렇다면 파슨스는 뒤르켐의 사회학적 논리를 수용하는 것인가? 그렇지는 않은데, 왜냐하면, 파슨스는 외적 제도와 문화로 구현된 도덕규범이라는 사회적 실체의 구속 차원에서 인간의 행위를 이해하고 그로부터 사회적 질서와 통합을 끌어내려는 뒤르켐의 관점과 거리를 두고 있기 때문이다. 그렇게 보면 파슨스의 행위는 한편으로는 어떠한 외적 규제나 통제 개념도 상정하지 않은 순수한 공리주의적 개인주의와 다르고, 다른 한편으로는 자신을 둘러싸고 규제하는 외적 강제에 구속되는 규범주의적 집단주의와도 다르다. 파슨스의 이러한 위치는 하버마스의 해석, 즉 "규범을 외부에서 부과된 규정으로 축소하는" 사회학적 유물론과 "생활 세계의 물질적 기반에서 나오는 선택의 강제를 과소평가하는" 사회학적 관념론을 모두 수용하지 않으려는 태도로 연결된다(하버마스 2권, 334).

그는 인간 행위를 다차원적으로 이해하려 한다. 파슨스에게서 행위는 고유한 목적과 그 목적을 달성하기 위한 합리적 수단의 개별적 선택 과정이지만 그러한 목적 설정과 수단 선택은 행위자를 둘러싸고 있는 사회의 가치와 규범, 그리고 행위자가 통제할 수 있기도 하지만 그렇게 하지 못할 수도 있는 여러 상황의 영향을 받는다. 그러니까 인간의 행위는 자신을 둘러싸고 있는 사회적 가치를 고려하면서, 자신이 놓여 있는 특정한 상황적 조건을 변수로 설정하면서, 자신의 목표를 설정하고 수단을 합리적으로 모색하는 것을 본질로 한다. 이것이 파슨스가 이야기한 의지적 행위 모델이다. 굴드너Alvin Gouldner의 해석에 입각하면, 이러한 의지적 행위 모델은 스스로 노력하지만 그렇다고 해서 언제나 자신의 목표를 달성할 수는 없는 존재로서의 측면과, 어떠한 자율성도 없이 외적 가치에 지배되지는 않는 존재 ─사회적 규범을 주체적으로 수용하거나 거부하는 존재─ 로서의 측면의 복합체다. 그는 "열심을 가진 도구eager tools로서 자신 속에 '내면화된' 어떠한 목표를 기꺼이 추구하려고 하는" 인간인데, 달리 말하면 사회화된 자율적 인간인 것이다 (굴드너 1982, 243). 파슨스는 외적 규범의 자발적 내면화로 이해할 수 있는 사회화를 통해, 자신의 이익을 추구하면서도 조화와 질서를 만들어 가는, 공리주의적 행위와 규범주의적 행위가 매끄럽게 결합되어 있는 행위 모델의 근거를 확보한다.

그런데 여기서 문제가 드러난다. 바로 파슨스의 행위 모델은 개별적인 행위자를 출발점으로 삼고 있다는 사실이다. 하버마스에 따르면, 그것은 베버 비판과 맥락을 같이하는 것인데, 파슨스의 행위 모델에는 복수의 행위자들이 상호 작용을 통해 서로를 조정해 가는 메커니즘이 존재하지 않는다. 오히려 그의 모델에는 목적론적 행위 이론에 바탕을 둔 개인주의적 원리가 놓여 있다. 파슨스는 자신의 목적론적 행위를 가치관에 의해 제약되는 것으로 상정하지만 실제로는 특정한 개인의 계산적 행위로 귀결된다고 하버마스는 해석한다(하버마스 2권, 336).

주체적 합리성과 내면화된 도덕규범을 지니고 있는 개별 행위자 —그 점에서 하버마스가 "단자"(하버마스 2권, 336)에 비유하는 행위자— 가 특정한 상황 변수 속에서 상호 합의와 질서를 만들어 내는 과정이 행위자의 내적 판단과 의지에만 의존한다는 점에서 합의와 질서 창출의 객관적 메커니즘을 알 수 없다는 이야기다. 하버마스는 "파슨스처럼 행위 방향에 대한 결정을 먼저 **개별화된 행위자의 사적 자의의 산물**로 볼 경우, 단위 행위들로부터 행위 체계가 어떻게 구성되는지를 설명할 수 있는 메커니즘은 알 길이 없다"(하버마스 2권, 338)고 말하고 있다. 고전적 공리주의 행위 모델이 개별적 행위자의 합리적 선택으로부터 자동적으로 산출되는 합의와 질서를 상정한다면, 파슨스의 경우는 행위자들이 자신을 둘러싼 상황과 규범 속에서 수행하는 고유한 판단에 따라 그 질서가 창출될 수도 있고 그렇지 않을 수도 있는 모델을 생각하고 있다. 이런 관점에서 우리는 파슨스의 행위론에 대한 굴드너의 해석을 생각해 볼 필요가 있다. 굴드너에 따르면 파슨스 행위론에 개입하는 규범은 어떠한 강제력도 없이 단순히 특정한 가치 선택의 가능성을 제시하는 것으로 나타난다. 그의 규범론은 "체계적인 도덕 사회학 systematic sociology of morals"을 결여하고 있기 때문에 일종의 비결정론으로 기울어진다(굴드너 1982, 241).

개인의 개별적인 행위와 그 행위의 불확정적인 결과에만 의존하는 차원으로는 사회적 통합과 질서를 창출하기가 어려워 보인다. 고전적인 공리주의 가설처럼 행위자들 사이의 자동적인 조화와 균형을 말하는 것도 아니고, 외적인 도덕규범의 구속과 강제로부터 도출되는 통합과 질서라는 규범주의적 논리를 받아들이지도 않기 때문이다. 결국, 파슨스의 의지적 행위론은 공리주의와 규범주의의 한계를 극복하려는 문제의식 위에서 성립하지만, 역으로 그러한 이유 때문에 사회적 통합과 질서에 대한 명확한 답을 제시하지는 못하는 상황에 부딪히고 있다. 이러한 이론적 어려움은, 하버마스가 말하는 것처럼, 파슨스로 하여금 "행위 이론의 재정비를 통해"(하버마스 2권, 338) 그런 난점을 해결하려는 작업을 시도하게 한다. 하버마스에 따르면 파슨스는 "하나의 주체가 주어진 상황에서 행위하면서 보이는 태도를 중심으로 파악하는 것에서 벗어나", "행위 태도 자체를 문화, 사회, 인성의 협동 작용의 산물로 파악하려 한다." 하버마스는 그와 같은 행위자는 궁극적으로 "욕구에 의해 동기를 부여받고 동시에 가치를 통해 통제되는 중개자의 관점에 위치하게 된다"고 말한다(하버마스 2권, 338).

이러한 관점의 전환은 행위 개념으로부터 '행위 체계' 개념으로의 변화로 나타난다. 행위는 비록 자신의 욕구와 이익 판단에 따른 주체적인 과정이지만, 인성, 문화, 사회 개념이 말해 주고 있듯이, 행위자를 둘러싸고 있는 가치와 규범의 외적 체계의 영향력 아래 놓여 있을 뿐만 아니라 그러한 외적 체계의 내적 양상인 인성의 지배를 받는 모델로 이동하고 있다. 이렇게 보면 파슨스의 새로운 행위 모델은 뒤르켐의 도덕 사회학에 좀 더 근접해 가는 것으로 보인다. 여기서 행위와 인성, 문화, 사회의 유기적 결합, 그러니까 세 가지의 내적이고 외적인 요인들이 투사되어 행위가 결정되고 수행되는 과정을 파슨스는 유형 변수라는 개념으로 구체화한다. 유형 변수란 행위의 선택과 결정에서 고려하게 되는 다섯 개의 이분법적 지향들을 말한다. 첫째, 행위자는 자기 고유의 이익과 집단 이익 사이에서 고려한다(자기중심성/집단중심성). 둘째, 행위자는 자신의 현재 감정의 만족에 충실할 것인가, 그러한 감정과 충동을 유보할 것인가를 판단한다(감정적 태도/감정 중립적 태도). 셋째, 행위자는 자신이 처한 상황을 자신만의 특수성으로 고려할 것인가, 타자 일반의 관점으로 접근할 것인가를 선택한다(특수주의/보편주의). 넷째, 행위자는 타자를 사회적 기능과 성취의 기준으로 평가할 것인가, 그들의 귀속적 기준에 따라 평가할 것인가를 고려한다(업적주의/귀속주의). 다섯째, 행위자는 타자의 전체적이고 복합적인 측면과 한정적인 측면 사이에서 어떤 것을 더 고려할 것인지를 선택(포괄성/한정성)한다(하버마스 2권, 350).

파슨스의 이런 유형 변수는 전근대적 행위 유형과 근대적 행위 유형을 구분해 주는 준거들이다. 인간이 일정한 상황 속에서 자신의 행위를 선택하고 결정할 때. 이러한 유형 변수들을 고려하는 것은 분명하다. 이해의 필요를 위해 단순화의 오류를 무릅쓰자면, 전근대 사회와 문화 속의 인간은 대체로 집단중심성, 감정적 태도, 특수주의, 귀속주의, 포괄성과 같은 유형 변수들로 짜인 행위를 수행할 것으로 생각할 수 있다. 이러한 행위 유형에는 문화가 부과하는 가치와 세계관, 사회가 강제하는 도덕과 규범이 투사되어 있고, 행위자는 자신의 인성 속에 그러한 문화와 사회의 속성을 내면화하고 있다. 이러한 유형 변수들로 구성된 특정한 행위 유형을 상정한다면 우리는 행위자의 행위가 어떤 원리 속에서 사회적 통합과 질서를 창출하는지를 명확하게 인식할 수 있다. 왜냐하면, 하나의 행위를 수행하는 일은 그 행위자가 속해 있는 문화 체계와 사회 체계를 재생산하는 과정이기 때문이다. 우리는 이것을 언어 행위에 비유해 볼 수 있다. 언어는 발화라고 부르는 수행 행위와 문법으로 불리는 구조로 구성되어 있다. 발화 행위는 언어 행위자의 자발적 동기와 목적에 입각한 실천일 테지만, 거기에는 명백히 문법 구조가 내재되어 있다. 그러니까 발화 행위는 외관상으로는 행위자의 자율적 실천인 것 같지만 실제로는 그 속에 투사되어 있는 문법 구조를 토대로 한 것이다. 그러므로 언어 행위자의 발화 행위는 자신의 동기와 목적을 달성하기 위한 과정이지만 그 과정을 통해 결과적으로 언어 공동체가 놓여 있는 문법적 질서를 유지하고 재생산한다.

여기서 하버마스는 파슨스의 행위 체계가 갖는 분석적 한계를 지적한다. 파슨스의 행위 체계 모델에서 행위자는 구조화되어 있는 행위 유형 사이에서 선택을 하는 수동적 존재로 나타난다. 이러한 행위자 세계에서 제기되는 중요한 문제는 '타자'에 관한 것이다. 그 세계에서 행위자는 자기 앞의 타자를 언제나 대상적 존재로 간주한다. 그러니까 행위자는 자기 앞의 타자를 근대적 개인의 관점에서 보는가, 전통적 친족 집단의 일부로 보는가, 다차원적인 관계성으로 보는가, 제한적인 관계로 보는가와 같은 대상적 존재로 생각한다는 것이다. 그 경우 가장 중대하게 놓치게 되는 것은 행위 체계에 들어와 있는 행위자들이 상호 관계를 통해 공통의 세계를 구축한다는 사실이다. 행위자들은 자신들을 둘러싸고 있는 문화와 사회, 그리고 그러한 가치와 규범의 내면화된 양식으로서 인성을 가지고 단순히 하나의 질서를 유지하고 재생산하는 것만이 아니라 그러한 가치와 규범과 인성을 서로 교환해 가면서 자신들의 고유한 상호적 세계를 만들어 내고 그 세계 속에서 윤리적으로 살아간다. 이러한 맥락에서 하버마스는 파슨스 모델의 한계를 지적하고 있다. 비판의 초점은 파슨스의 유형 변수인데, 그것은 대비되는 행위 유형에 입각해 타자를 대하는 태도를 결정하는 형식일 뿐, 실제로 복수의 행위자들이 자신들의 생활 세계 속에서 규범, 문화적 가치, 능력 등을 어떻게 결합해 상호 작용하는지를 제시해 주는 모델은 아니다(하버마스 2권, 354).

물론 그렇다고 해서 파슨스가 행위자들의 상호 관계를 고려하지 않는 것은 아니다. 파슨스는 『사회 체계와 행위 이론의 진화』에서 행위자들 사이의 상호 작용 개념에 접근하고 있다. 하지만 그가 의미하는 상호 작용은 행위자들이 언어 교환을 통해 상호 의미와 규범의 세계를 만들어 간다는, 하버마스의 개념과는 거리가 멀다. 오히려 그의 개념에서 행위자들은 개별적 행위자의 범주를 벗어나 상호 주체와 같은 차원으로 확장되지 못할 뿐만 아니라, 그 행위자들의 상호 작용은 일정한 체계 속에서 수행되어 체계를 유지해 가는 수동적 과정에 지나지 않는 것으로 해석된다(Parsons 1977, 167). 하버마스에게서 진정한 의미의 상호 작용이란 행위자들이 자신들이 공유하는 생활 세계의 지식을 토대로 언어적 실천의 상호 이해와 해석을 통해 공동의 세계를 구축해 가는 과정이어야 한다. "한 문화의 틀 안에서 행위한다는 것은 상호 작용 참여자들이 문화적으로 확보되고 상호 주관적으로 공유하는 비축 지식으로부터 해석을 취하여 그들의 상황에 대해 서로 이해를 도모하고 이것을 토대로 각자의 목표를 구축한다는 것을 의미한다"는 말이다. 그와 달리 파슨스의 행위에는 그러한 상호 작용의 의미 교환 메커니즘이 자리 잡을 수 없다(하버마스 2권, 344).

하버마스 의사소통 행위 이론의 관점에 선다면, 행위자들 사이의 규범적이고 윤리적인 상호 세계는 사회적 통합과 질서 구축이라는 차원에서 매우 중대한 토대가 될 것이지만, 파슨스는 이와는 다른 이론적 방향으로 나아간다. 파슨스는 의지주의적 행위 개념에서 출발해 문화와 사회 체계 속에서 수행되는 행위 체계 개념을 지나, 행위 체계를 보다 정교한 차원으로 만들어 간다. 그것은 'AGIL', 즉 네 가지 기능 도식으로 부르는 파슨스의 체계 원리에서 출발한다.

모든 사회 공동체는 자신의 존속을 위해 일정한 목표 달성을 위한 기능들로 짜여 있는데, 그 기능들이란, 공동체가 둘러싸인 외부 환경을 통제하는 기능으로서 '적응Adaptation', 공동체의 유지를 위해 요구되는 순서들을 정하고 필요한 자원들을 효율적으로 배분하는 기능인 '목표 달성Goal-attainment', 공동체의 존속에 필요한 도덕과 규범을 토대로 결속력을 만들어 내는 '통합Integration' 기능, 공동체의 가치에 따른 행동의 유형을 만들고 그것에 정당성을 부여하는 '잠재적 유형 유지Latent pattern maintenance' 기능이다. 사회 공동체 속에서는 이러한 기능들을 담당하는 구체적인 하위 체계가 있는데, 적응은 행동 유기체라 불리는 체계가, 통합은 사회 체계가, 목표 달성은 인성 체계가, 유형 유지는 문화 체계가 맡는다. 파슨스는 이러한 도식을 사회 조직화라는 관점에 적용하면서 기능들의 보다 구체적인 모습을 제시하고 있다. 한 사회 공동체의 생물학적 재생산에 필요한 물질들을 공급하는 적응 기능은 경제가, 공동체의 자원 배분이라는 목표 달성은 정치가, 구성원들의 결속과 연대는 도덕 공동체가, 공동체의 가치에 부합하는 행동 유형화와 정당화는 법률이 담당한다.

파슨스는 『사회: 진화와 비교론적 관점』에서 "하나의 체계로서 사회의 중핵은 패턴화된 규범적 질서이며, 이를 통하여 사람들의 생활이 집합적으로 조직된다"(파아슨즈 1989, 27)고 이야기하고 있다. 이 입론이 말해 주는 것처럼, 파슨스는 이제 사회적 통합과 질서의 문제와 관련해 행위 차원을 벗어나 행위를 질서 짓는 체계 개념으로 이행한다. 하버마스는 이를 "행위 이론 우위에서 체계 이론 우위로의 전환"(하버마스 2권, 368)이라고 설명한다. 이것은 중대한 패러다임 전환이다. 그러니까 행위 원리로부터 사회 통합과 질서를 탐색하는 관점을 벗어나, 외부 환경과의 관계 속에서 완전한 '자족성self-sufficiency'을 지니는 실체로서 사회 공동체라는 전제에 입각해 행위를 그러한 자족성의 유지와 재생산에 필요한 체계들에 부합하는 방향으로 수행되는 과정으로 간주하는, 그리하여 "사회 체계의 시각에서 개별 행위자를 내려다보는"(하버마스 2권, 385) 관점으로의 이행이다. 하버마스는 파슨스가 생각하는 자족적 실체로서 사회에 대한 관념을 설명하고 있다. 파슨스의 사회는 환경 속의 체계로 이해될 수 있는데, 그 사회는 환경과의 관계 속에서 스스로의 내적 상태를 유지하고 균형을 창출해 내는 존재 목적을 지닌다는 점에서 자족적 실체다. 그리하여 환경에 대해 사회가 갖는 자족성과 자율성이 한 사회의 발달을 측정하는 기준이 된다(하버마스 2권, 374).

파슨스의 체계 개념은 "하나의 전체로서, 그것을 구성하는 부분들이 상호 의존 또는 상호 연관 관계에 있으면서 전체 체계의 존속에 기여하는 것으로 상정된다."(이윤희 2007, 19) 구성 부분들의 상호 의존과 체계의 존속, 또는 자기 존립이야말로 체계의 궁극적 원리이자 존재 이유다. 상호 의존 관계 속에 들어 있는 구성 부분 중 한 요소의 변화로 인해 체계 불균형이 발생할 때, 다른 구성 부분이 함께 움직여 다시 균형을 회복하는 평형 원리를 통해 체계는 존속한다. 이러한 차원에서, 굴드너의 주장처럼, 파슨스의 체계는 존재론적으로, 그리고 당위적으로 질서 유지라는 가치에 연결되어 있다(굴드너 1982, 304-314). 평형과 질서 유지라는 궁극의 목표를 위해 체계는 자기 밖의 환경을 적절히 통제해야 하며, 체계 내 행위가 자의성과 일탈을 초래하지 않도록 완벽한 행위 원리를 구축해 내야 한다.

이것이 파슨스의 체계 이념이다. 하버마스는 이 체계 이념에 내재되어 있는, 체계의 평형과 질서 유지를 위한 원리와 메커니즘의 한계를 분석해 들어간다. 뒤르켐이 그러했던 것처럼, 후기 파슨스도 체계로서 사회의 균형과 질서 구축을 위해 관념론적이고 초월론적인 개념으로서 종교를 도입했다. 뒤르켐의 후기 사회학에서 종교가 사회 구성원들의 통합과 결속을 위한 도덕을 만들어 내는 최종적 역할을 담당하게 된 것처럼, 파슨스에게서도 사회 공동체의 완전한 통합과 질서를 위한 초월적 힘으로 종교가 등장한다(굴드너 1982, 314-315). 하버마스가 문제 삼는 첫 지점은 바로 여기다. 파슨스의 체계는 인간 행위의 질서를 만들어 내는 여러 하부 체계들의 존재와 상호 작용으로 운동하지만, 그 체계는 최종적 실체로서 종교 위에 서 있는 구조로 변화한다. 하버마스는 그것을 행위 체계를 규율하는 목적 체계(하버마스 2권, 396)라고 부른다. 파슨스의 행위 체계가 "**인식하는 주체**라는, 칸트에 기댄 인식론적 모델을 염두에 두고 있다"(하버마스 2권, 398. 강조는 원문)는 지적이 말해 주는 것처럼, 파슨스의 체계에는 질서 유지라는 절대적 규범이 본래적 형식으로 내재되어 있다고 이해할 수 있다. 하버마스에 따르면, 파슨스의 체계는 행위 질서를 만들어 내고 지속시키는 초월적인 질서 규범이 본래적으로 내재하고 있다는, 달리 말하자면, 체계 속 행위자들이 그러한 초월론적 질서 규범을 본래적으로 지니면서 질서 지향의 통합적 존재로 행위하는 모델이다. 하지만 하버마스는 사회 원리에 대한 이해를 위해서는 그와 같은 초월론적 체계 개념이 아니라 언어와 행위 능력이 있는 사람들이 의사소통을 통해 공통의 가치와 규범에 이르는 모델이 더 적합해 보인다고 주장한다(하버마스 2권, 399). 즉 행위자들이 언어 교환을 통해 상호 소통의 관계 속에서 사회적 통합과 질서 규범과 가치를 만들어 내는 모델로 이행해야 한다는 것이다(하버마스 2권, 401). 여기서 하버마스는 사회적 통합과 질서 원리가 사회 안에 선험적으로 존재한다는 근대 인식론의 전제를 수용하지 않는다.

근대 사회는 사회 통합과 질서 구축을 위한 매우 효과적인 매체로 화폐를 확산시키고 보편화했다. 근대적 경제 행위는 이러한 화폐 원리를 매개로 조절되고 존속된다. 그런데 파슨스는 근대적 사회 공동체의 통합과 질서를 만들어 내는 매개를 화폐만이 아니라 권력, 영향력, 가치 구속으로 확장해 이해하려 한다고 하버마스는 말하고 있다. "각 매체는 각각 사회의 부분 체계에 귀속된다. 즉 화폐는 경제 체계에, 권력은 정치 체계에, 영향력은 사회 통합 체계에 그리고 가치 구속은 구조 유형 유지 체계에 귀속된다."(하버마스 2권, 403) 여기서 각각의 매체가 작동하는 체계는 상이하지만, 매체의 운동 원리는 근본적으로 동일하다고 파슨스는 생각하고 있다. 파슨스에게서 이러한 네 가지 매체는 일정한 의도를 산출하기 위해 한 행위자에게서 다른 행위자로 향하는 과정으로 간주되는데, 말하자면 화폐는 상대에게 일정한 물질적 자극을 제공함으로써, 권력은 상대에 위협을 예고함으로써, 영향력은 상대를 설득함으로써, 가치 구속은 상대에게 일정한 규범적 인식을 하게 함으로써(하버마스 2권, 433) 행위가 사회 공동체의 통합과 질서를 교란하지 않게 만든다는 것이다.

이 매체 구도는 궁극적으로 주체가 되는 행위자가 사회적 질서 창출이라는 목적을 위해 상대 행위자를 대상화하는 것을 내포한다. 이 행위들은 공통적으로 목적 합리성에 부합하는 것으로 보이고, 가치와 규범을 통해 상대 행위자를 통제한다고 하더라도 그것들은 사회 공동체 내에 선험적으로 부여된 것이다. 그러므로 그 매체 관계 속에서 행위자들에게는 언어 교환을 통해 상대의 의도를 해석하고 조정해 가면서 문제를 풀어 가려는 행위 조정 과정이 생략되어 있다. 그처럼 상징화된 언어를 통한 행위 조정 과정은 사실 대단히 많은 비용을 수반한다는 점에서 비합리적이다. 그 점에서 근대 사회는 비용 합리성 위에서 기대되는 사회적 효과를 산출하기 위한 기능적 원리를 따라 통합과 질서를 구축한다.

이 문제와 관련해 하버마스는 이 네 개의 매체를 모두 체계 통합이라는 원리로 환원하는 것이 타당한지를 묻는다. 우선 화폐와 권력은 보상과 제재라는 유인 수단을 통해 상대를 자신의 의도대로 이끈다는 차원에서 목적 합리적 행위라는 유사성을 보이지만 본질적으로 그 둘은 상이하다고 하버마스는 해석한다. 생각해 보면, 교환 관계는 행위자 누구에게도 불이익을 주지 않는, 즉 모두의 이익을 위한 것이지만, 권력관계는 제재라는 부정적 결과를 감수해야 하는 상황에 놓여 있는데 그렇다면 권력에의 복종 상대는 그와 같은 피지배 상황을 피하기 위해 저항 등 다른 가능성을 시도할 수 있다. 따라서 우리는 "왜 권력은 정당화를 필요로 하고, 그래서 화폐보다 더 **까다로운 규범적 정박**을 요구하는지를"(하버마스 2권, 424. 강조는 원문) 묻지 않을 수 없다. 달리 말하면, 권력관계에서 피지배자는 정당성 있는 지배만을 수용하려 한다는 것인데, 이는 베버가 정당한 지배를 다루면서 통찰한 관점이기도 하다. 이 문제와 관련해 하버마스는 지배의 정당성이 피지배자의 자발적 동의로부터 발생한다는 사실을 강조한다. "권력에 종속된 자들은 설정된 목표가 집합적으로 소망한 것인지를 또는 우리식으로 말하자면, 일반적 이익에 부합하는지를 따져 볼 수 있어야 한다는"(하버마스 2권, 425) 말이다. 바로 여기서 우리는 질서 창출에서 화폐와 권력의 근본적인 차이를 발견하는데, "교환 과정의 경우 이익 판단이 교환 당사자들 사이의 상호 이해를 필요로 하지 않는 반면, 무엇이 **일반적** 이익에 부합하는지의 물음은 집합체 구성원들 사이의 합의를 요구한다"(하버마스 2권, 425. 강조는 원문)는 것이다. 여기서 권력은 관련된 사람들 사이에서 자신들의 일반적 목표와 이익에 대한 합의를 도출하기 위한 언어 교환 과정을 요구한다. 물론 그렇다고 해서 권력 행사를 통한 지배가 그처럼 정당화의 과정을 수반하는 것은 아니다. 강력한 물리적 제재 위협을 통해 일방적으로 수행되는 권력 행사의 예가 너무도 많기 때문이다. 그 점에서 하버마스는 권력이라는 매체를 화폐와 동일시하기도 하고 분리하기도 한다.

이어서 하버마스는 영향력과 가치 구속의 체계 통합적 성격을 검토한다. 탁월한 지도력을 지닌 사람의 예처럼, 일반적으로 영향력은 지도자의 명령과 선언을 통해 사람들을 통합하고 결속하는 것처럼 보이고, 가치 구속은, 도덕적 권위를 지닌 사람의 경우처럼, 규범적 호소를 표출함으로써 자신의 의도에 맞추어 사람들을 질서의 세계로 통합해 낼 수 있다. 그렇게 보면, 그 영향력과 가치 구속의 행사 과정에는 언어 교환을 통한 공통의 목표나 가치의 공유가 필요하지 않다고 생각할 수도 있다. 하지만 하버마스는 그 영향력과 가치 구속 과정의 본질이 의사소통 과정임을 강조하고 있다. 하버마스는 "영향력과 가치 구속의 경우, 자아는 **상호 이해라는 자원에 호소하지 않고서는** 그에 비견할 만한 것을 가지지 못한다. 영향력을 행사하고 참여 태세를 독려할 때, 행위 조정은 우리가 언어적 합의 형성으로부터 알고 있는 것과 **동일한** 자원에 의거해서 이루어져야 한다"(하버마스 2권, 430. 강조는 원문)라고 말한다. 명성이 있거나 도덕적 권위를 지닌 사람의 명령이나 요청을 수용하는 과정은 겉으로는 영향력과 도덕성을 지닌 사람에 일방적으로 복종하는 듯이 보이지만, 실제로는 그들을 둘러싸고 있는 생활 세계의 맥락, 즉 영향력과 도덕적 권위를 만들어 내는 문화와 가치와 규범의 공유를 전제로만 가능하다. 그 점에서 영향력과 가치 구속은 생활 세계상의 가치와 규범의 공유 토대가 필요 없는 화폐라는 조절 매체와는 근본적으로 다르다.

이렇게 해석된다면, 화폐, 권력, 영향력, 가치 구속을 모두 체계 통합의 원리에 부합하는 조절 매체로 파악하기는 어렵다. 하버마스는 화폐와 권력을 하나의 원리로 놓고, 영향력과 가치 구속을 다른 하나의 원리로 놓으면서 통합 원리를 구분하려 한다. 궁극적으로 "배분할 수 있는 처벌과 보상에 따라 움직이는 경우"와 "의사소통적으로 제기한 타당성 주장"(하버마스 2권, 436)에 따라 움직이는 경우의 차이다. 이러한 관점에서 보면, 근대 사회에서 통합과 질서를 위한 매체를 이해하기 위해서는 상이한 두 영역에 대한 인식이 필요하다. 근대적 매체로서 화폐와 권력이 작동하는 장소인 경제와 정치, 그리고 영향력과 가치 구속이 작동하는 자리인 문화와 도덕이다. 근대적 경제와 정치는 이익과 제재에 관련된 계산과 전략적 논리가 지배하고 있고, 문화와 도덕의 영역은 생활 세계에 바탕을 둔 가치와 규범의 논리로 움직인다. 앞의 것을 체계 통합으로, 뒤의 것을 사회 통합이라고 부를 수 있다.

이러한 논리적 작업의 끝에서 하버마스는 이제 파슨스가 구축한 근대적 통합과 질서의 단일 모델이 지닌 문제를 명확하게 드러낸다. 체계 원리로서 화폐 모델이 다른 영역에 얼마나 일반화될 수 있는가 하는 문제 앞에서 하버마스는 적어도 화폐와 권력의 한 원리와 영향력과 가치 구속의 또 한 원리로 나뉘는 "매체 이원론"을 주장한다. 그러한 관점에 서면 체계 통합과 사회 통합의 원리를 하나로 이해하면서 동일화하려는 시도는 적절해 보이지 않는다. 그 차원에서 파슨스의 모델은 한계를 보이는데, 말하자면 "파슨스의 이론은 원숙한 형태에서도 역시, 그것에 들어 있던 경쟁하는 두 기본 개념 틀 사이의 갈등을 해결하지 못하고 기껏해야 은폐했을 따름"(하버마스 2권, 438)이다.

근대화된 서구는 적어도 두 차원에서 통합과 사회 질서의 전망에서 고민할 수밖에 없었다. 왜냐하면, 자체적으로 통합과 질서를 내재한 집단적 삶의 단위가 해체되고 이기적 합리성을 따라 자율적으로 움직이는 개인이 사회의 궁극적 단위가 되었으며 전통적 공동체를 떠받치던 종교의 영향력이 사라지고 세속성이라는 원리의 지배를 받게 되었기 때문이다. 이것이 고전 사회학자들이 풀어내고자 했던 과제였는데, 파슨스는 그 고전 사회학적 과제를 다시 불러들여 자신의 질서 이론을 구축했다.

그가 생각한 근대는 기능 분화의 체계였다. 진화론적 관점에서 볼 때 하나의 생명체가 내적으로 자신의 기능 분화를 통해 환경 적응력을 높여 가고 생명을 유지시켜 나가듯이 근대 사회는 그러한 진화 원리에 따라 내적 기능 분화를 통해 환경을 통제하고 생명을 지속시켜 나간다. 근대 사회를 구성하는 개인들은 이기적 욕구에 따라 행위하지만, 그와 동시에 규범적이고 도덕적인 가치의 구속을 받기도 한다. 바로 그것이 근대적 개인들의 이기적 행위들이 무질서와 혼란으로 떨어지지 않게 해주는 원리다. 하지만 파슨스는 그러한 행위 원리만으로는 근대적 질서에 대한 완전한 이론 틀을 만들어 냈다고 생각하지 않았다. 왜냐하면, 그 원리에는 갈등과 무질서를 초래하는 행위 우연성이 상존하기 때문이다. 따라서 파슨스는 통합과 질서를 산출하는 보다 엄격하고 확실한 행위 원리를 구축하려 하는데, 궁극적으로 기능 분화된 하위 영역들이 자율적으로, 그리고 그러한 하위 영역들이 유기적으로 상호 작용하는 체계를 만들어

넘으로써 그 과제를 완성했다.

하버마스는 이렇게 요약되는 파슨스의 근대성 이론에 내재되어 있는 중대한 문제점을 지적한다. 그것은 사회적 통합과 질서 창출에 관한 근대적 원리를 파슨스의 이론이 전혀 파악하지 못하고 있고, 바로 그 이유 때문에 근대 사회에서 초래되어 사회적 통합과 질서를 위협하는 병리적 현상들 ―아노미, 계급 갈등, 관료제의 과도한 확산 등 고전 사회학자들이 마주해야 했던 근대적 병리들― 을 설명하지 못한다는 것이다.

파슨스는 근대화의 본질을 사회 기능들이 세분화되고 그 기능들이 서로 유기적으로 연결되어 질서를 만들고 유지해 가는 과정, 말하자면 체계 분화로 이해했다. 이는 근대화란 목적 합리성이 지배적인 원리로 되어 가는, 구체적으로는 관료제적 전문성이 확산되는 과정이라는 베버의 주장과 근본적으로 ―단일의 원리를 제시한다는 면에서― 같은 관점을 취하는 것이다. 하지만 근대화가 자유 상실과 의미 상실로 귀결될 것이라는 베버의 전망과는 달리, 파슨스는 서구 근대 사회는 매체들의 조절 기능으로 자기 균형을 만들어 가는 체계 통합을 통해 조화와 질서의 공동체가 될 것이라고 예측했다. 그 체계 통합의 원리 속에서 근대적 개인들의 이기적 행위들은 완벽하게 조절되어 전체적 통합과 질서 구축에 기여하게 될 것이다. 이러한 낙관주의적 전망으로 귀결되는 파슨스의 질서 모델을 비판하면서 하버마스는 자신의 의사소통 모델의 이론적 장점을 드러내고자 한다.

우선 파슨스의 모델은 "제도화된 개인주의"(하버마스 2권, 448) 위에 토대하고 있다. 그러니까 이기적 합리성을 따라 행위하는 개인들이 체계 원리에 완벽하게 조응한다는 개념이다. 결국, 그 지점에서 하버마스는 베버의 근대화 개념이 고독한 개인을 벗어나지 못하고 있다는 자신의 비판을 파슨스에게도 동일하게 제기하고 있다. 물론, 파슨스의 체계 속 행위자는 이기성만으로 규정되는 존재는 아니지만 두 사람 모두 근대적 사회 질서를 창출하는 데 작동하는 상호성의 토대를 전혀 인식하지 못하고 있다. 파슨스에게서 사회 질서는 체계 통합의 원리가 근대적 개인들의 행위를 이끌고 통제하면서 이룩된다. 그리고 이 통제는 강제만이 아니라 개인 스스로가 체계 통합의 가치를 내면화하는 과정과 깊이 연결되어 있다.

그런데 이러한 체계 통합의 세계에서라면 언어 교환을 통해 공통의 규범과 가치를 창출하고 그 위에서 통합과 질서를 만들어 나가는, 생활 세계를 함께 살아가는 개인들의 상호성이 들어설 여지가 전혀 없다. 여기서 하버마스는, 개인들 각각의 행위를 통제하는 정치와 경제 제도들에 의해서만이 아니라, 생활 세계를 공유하는 개인들이 공동의 규범과 도덕을 만들어 가려는 언어 교환의 실천을 통해 서구 근대 사회의 통합과 질서가 구축되었다는 사실을 간과할 수 없다고 강조한다. 서구 부르주아 사회는 그러한 통합의 가장 강력한 모델이라고 말할 수 있다.

다음으로 파슨스의 사회학을 따라 서구 근대 사회를 내적 체계 분화와 조절 위에서 질서와 균형을 이루어 나가는 사회 모델로 이해한다면 근대 사회에서 초래되는, 앞서 말한 병리적 현상을 어떻게 해석해야 하는가의 문제가 제기된다. 근본적으로 파슨스는 그러한 병리 현상들을 흡수할 수 있는 기능의 체계 모델을 상정하고 있다. 파슨스는 베버와 달리, 자본주의 성장에 따라 관료제가 확산한다고 하더라도 기존의 모든 사회적 제도와 관계의 양식을 해체시키는 수준은 아니라고 주장했다. 그에 따르면 관료제화와 더불어 사회는 공동체의 유지를 위한 근대적 소통의 양식을 만들어 내고 자신들의 요구를 달성하기 위한 근대인들의 능동적 참여를 촉진하는 방향으로 나아갈 것이다(하버마스 2권, 453). 하버마스에 따르면 파슨스는 "근대 사회가 그 이전과는 비교할 수 없을 정도로 대중들에게 자유의 신장을 가져왔다고 확신한다."(하버마스 2권, 452)

그러한 해석으로 말미암아 파슨스는 근대 체계의 안정적 존속에 위협을 가하는 사회 현상들을 깊이 있게 이해할 수 있는 수준에 도달하지 못한다. 그는 근대 사회의 문제는 체계와는 완전히 상이하게 존재하고 움직이는 사회 원리(생활 세계)가 위기에 처해 있기 때문에 발생하는 것이라는 인식을 결여한 채, 체계의 내적 조절력과 통합력을 통해 그러한 부정적 현상들이 해소될 수 있다는 낙관주의적 오류를 범하고 있다. 하버마스는 그러한 맥락에서 파슨스의 한계로, "파슨스는 생활 세계의 합리화를 기본 개념 차원에서 행위 체계의 복잡성 증가에 동조시키고, 그래서 의사소통적으로 구조화된 생활 영역들이 기능적 명령에 대항하여 펼치는 완고한 저항의 현상들을 놓치고 만다"(하버마스 2권, 464-465)는 비판을 제기한다. 파슨스의 이론을 따라간다면 서구 근대 사회는 체계 복잡성이 증대하면서 언제

나 균형과 질서의 사회를 유지해 가야 하는데, 사실상 1960년
대 서구는 너무나 많은 사회 영역에서 심각한 도전과 저항을
받았고 그로 인해 서구 사회의 내적 정당성에 대한 근본적인
의문이 제기되어 왔던 것이다.

8장

의사소통 행위와 민주주의 실천:

새로운 사회 운동의 조명

파슨스 사회학에 대한 하버마스의 비판적 분석은 궁극적으로 체계 원리에 의한 통합의 한계 인식으로 향한다. 체계 통합에 대한 정치적·문화적 저항의 역사는 체계가 포괄할 수 없는, 또는 체계와는 근본적으로 다른 원리를 지닌 영역이 존재한다는 것을 말해 준다. 하버마스는 그러한 영역을 생활 세계로 개념 규정하면서 사회적 질서와 통합의 두 가지 구조로 체계와 생활 세계를 이론화하려 했다. 그러한 방향에서 하버마스는 "파슨스의 사회 이론 구성 문제에서 우리는 생활 세계와 체계의 측면을 결합하는 2단계 사회 구상의 기본 개념 구조를 분명히 했다"(하버마스 2권, 469)라고 강조한다.

파슨스의 논의를 마무리한 하버마스는 다시 베버의 합리화 이론으로 돌아간다. 그것은 베버 이론이 갖는 한계를 드러내고 자신의 체계-생활 세계 모델이 그 이론적 벽을 어떻게 넘어서는지를 제시함으로써 그 모델의 설명력을 확보하기 위함이다. 베버의 합리화 이론은 파슨스 사회학이 제시한, 서구 자본주의 사회에 대한 균형과 질서의 낙관주의적 전망을 다시 사유해야 할 필요를 역설한다. 그럼에도 베버의 이론은 자본주의 사회에서 자유와 의미 상실이 어떻게 초래되는가에 대해 설득력 있게 설명하는 데는 실패하고 있다. 베버는 두 가지 점에서 이론적 한계를 지니고 있다. 첫째, 그에 따르면 본래 자본주의 정신은 종교적 소명 의식과 결합한 금욕 정신을 지향하는 것이었는데, 그 자본주의 정신이 소명 의식과 분리되어 이윤 추구 자체를 정당화하는 것으로 변질되면서 서구 사회에 대한 암울한 전망이 초래되었다. 문제는 자본주의 내에서 어떤 이유 때문에, 어떤 메커니즘으로 그러한 변질이 초래되는가를 베버가 명확하게 설명하지 못한다는 데 있다. 또한 베버에 따르면 종교적 금욕의 원리와 단절된 자본주의적 이윤 추구 정신이 지배적 사회 원리로 자리 잡으면서 서구 근대 사회의 파국적 상황이 초래되고 있는데, 하버마스는 베버가 구체적으로 어떤 동인에 의해 무제한적 이윤 추구가 사회 전반으로 확산되어 가는가에 대해 답하지 못한다고 비판한다. 이 문제들에 답하기 위해 하버마스는 두 가지 방법론적 대안을 제시하는데, 체계와 생활 세계로 개념화되는, 합리성의 상이한 두 원리로 베버의 이론을 재해석하는 것과, 마르크스 계급 이론과 수정 이론을 통해 특정한 목적 합리적 행위 원리의 무차별적 확산을 설명하는 것이다.

첫 번째 문제에 접근하자면, 하버마스는 근대 자본주의적 병리의 핵심 원인인 관료제화를 체계와 생활 세계의 관점에서 해석한다. 주지하는 것처럼, 서구 근대 사회에서 관료제는 자본주의적 생산 목표를 위한 합리적 조직화와, 국가 행정을 수행하기 위한 전문 관리들의 직업 원리로 구현된다. 이 두 조직 원리는 통합적 생활 세계로부터 발생했지만 화폐와 권력이라는 고유 운동 원리에 입각해 생활 세계와는 근본적으로 다른 세계로 분화되어 나갔다. 이제 이 세계는 "더 이상 상호 이해의 메커니즘을 통해 통합되지 않으며, 생활 세계의 맥락으로부터 떨어져 나와 규범과 무관한 성격의 사회성으로 응고된다."(하버마스 2권, 478) 이를 하버마스의 언어로 보다 자세히 말해 보자면,

"체계 관점에서 보면 생활 세계는 멀리 떨어진 것으로, 그때그때의 체계 환경의 구성 요소로 인식된다. **생활 세계의 상징적 구조들에 대해 중립적 태도로 경계를 설정**함으로써 조직들은 자율성을 획득한다."(하버마스 2권, 478-479. 강조는 원문)

이 체계 자율성은 생활 세계와는 근본적으로 다른 원리를 만들어 냄으로써 이룩되는데, 말하자면, 기업과 행정 조직에서 구성원들에 대한 평가는 인격과는 무관하게, 오히려 그들의 동기와 능력과 성과와 같은 외적이고 객관적인 기준에 의해 이루어진다. 그들은 인격체로서가 아니라 직무 수행자로 존재한다. 하버마스는 이를 루만의 용어를 따라 "사회의 탈인간화"(하버마스 2권, 479)라고 명명했다. 또한 체계의 조직들은 규범의 응축제인 문화에 의해서가 아니라 내부적인 원리와 기준에 의해 자신의 정당성을 확보한다. 문화적 차원에서 생활 세계 바깥에 자리하게 된 이 조직들은 형식화된 법률의 원리를 따라 자신을 조절해 나간다. 여기서 말하는 형식화란 법률이 윤리적 동기와 분리된다는 의미다.

이렇게 내적 자율성을 따라 움직이는 체계 원리가 확장되어 가면서 생활 세계의 우위는 점차적으로 약해진다. 결국 이것은 자본주의 경제 원리와 근대적 행정의 확산에 따른 관료제화의 지배 양상을 의미하는데, 여기서 하버마스는 "생활 세계의 지위는 여러 하부 체계들 가운데 하나로 전락한 반면, 총체화된 관료제화가 마치 사회 전체를 이미 탈인간화한 것으로, 즉 사회 전체를 의사소통적으로 구조화된 생활 세계에 내렸던 닻에서 풀려난 하나의 체계로 병합한 것으로" 보려는 이른바 체계 기능주의의 진단에 맞선다. 그러니까 하버마스에 따르면, 체계 원리를 따르는 조직이라고 하더라도 생활 세계의 메커니즘, 즉 언어 교환을 통한 상호 이해의 과정을 전적으로 축출하지는 못한다는 것이다. "순수한 상호 이해 과정이 조직 내부로부터 모두 추방될 경우, 형식적으로 규제된 사회관계들도 유지될 수 없고 조직의 목표도 실현될 수 없을 것"(하버마스 2권, 483)이라는 논리다. 또한 하버마스는 "어떤 형식적 조직도 비형식적 조직에 의존할 수밖에 없다는 사실은 이미 생활 세계 맥락의 외부화가 남김없이 성공할 수 없다는 사실을 보여 준다"(하버마스 2권, 484)고 이야기한다. 이러한 사실은 근대 사회에서 관료제화가 광범위하게 확대되어 나가는 과정에 대한 도덕적 문제 제기와 사회적 저항이 발생하게 되는 이유를 설명해 준다.

여기서 우리는 그렇다면 체계의 논리가 생활 세계의 어디까지 침투할 때 문제 제기와 저항이 일어나는가를 생각해 보지 않을 수 없다. 이 문제는 결국 체계와 생활 세계의 이상적인 관계 구조에 대한 논의로부터 그 답을 찾을 수 있다. 그럼으로써 베버의 전면적 관료제화가 의미하는, 하버마스의 용어인 '생활 세계의 식민지화' 개념을 파악할 수 있게 된다.

역사적 지평 위에서 하버마스는 근대 부르주아 사회 해석을 통해 체계와 생활 세계의 관계 구조를 풀어 간다. 부르주아 사회는 자본주의 경제와 행정을 핵심으로 하는 체계 영역과 사적 가정, 그리고 공론장으로 구현되는 생활 세계의 영역으로 구성되어 있었다. 여기서 우리는 하버마스가 『공론장의 구조 변동』에서 제시한 공권력 영역과 사적 영역의 구별과는 다른 분류를 시도하고 있음을 인지한다. 왜냐하면, 부르주아 사회에서 체계에 속한 자본주의 경제는 원래 부르주아의 사적 영역에 속해 있었기 때문이다. 따라서 하버마스가 부르주아 사회를 체계와 생활 세계로 설명하는 것과 관련해 경제와 국가 행정이 서로 밀접한 관련을 맺게 되는 역사적 변화를 반영한 것으로 이해해야 한다.

경제와 행정으로 구성되는 체계와, 사적 영역과 문화적, 정치적 공론장으로 구성되는 생활 세계 영역 사이에는 서로의 필요에 반응하는 관계가 성립한다. 사적 영역 속의 가정은 경제에 필요한 노동력과 수요를 제공하고, 경제는 임금과 재화와 서비스를 공급한다. 그리고 행정은 공론장을 향해 조직 서비스와 정치적 결정을 부과하고 공론장은 행정을 향해 납세와 정치적 지지와 충성을 제공한다(하버마스 2권, 496). 이러한 두 유형의 교환 관계는 모두 근대 사회의 메커니즘이지만 그 두 교환 관계의 성격이 동일하지는 않다. 우선 물질적 재생산에 관련되는 첫 번째 교환 관계는 과거 전근대적 메커니즘보다 훨씬 더 효율적이라는 평가를 내릴 수 있다. 하지만 두 번째 유형의 교환 관계는 다르다. 왜냐하면, 단순히 개별 노동자나 소비자의 행태가 아니라 시민과 공중으로 불리는 주체들이 정치권력의 정당성에 대한 집합적 의지를 만들고 표출하는 과정이기 때문이다. 그것이야말로 부르주아 민주주의를 견인하는 이상적 지점이었다(하버마스 2권, 498).

문제는 이러한 교환 관계의 균형이 더 이상 유지되지 못하는 상황에서 발생한다. 여기서 핵심은 사적 영역과 공론장이 자신의 고유한 원리를 상실하면서 체계의 논리에 종속된다는 것이다. 이것이 곧 생활 세계의 식민지화인데, 이 식민지화는 "전체 사회의 기능들을 보다 효율적으로 충족시키는 것이 전통적 생활 형식의 파괴를 상쇄할 수 없을 때"(하버마스 2권, 499) 가시적으로 드러난다. 그러니까 체계의 기능적, 형식적 원리가 아무리 효율적이고 합리적으로 작동한다고 하더라도 상호 이해를 기반으로 규범과 가치를 통해 사회 통합을 이끌어 내는 생활 세계의 원리를 대체할 수 없다는 이야기다. 그 맥락에서 하버마스는 "이들 매체는 문화적 재생산, 사회 통합, 그리고 사회화의 영역에서는 제대로 작동하지 못한다"(하버마스 2권, 500)라고 말한다. 그러므로 경제와 행정의 영역에 머물러 있어야 할 체계의 원리가 문화적 재생산과 규범과 가치 형성을 통한 사회 통합까지 끌어안으려 할 때 병리적 결과가 초래되고 그로 인해 생활 세계로부터의 도전과 저항이 일어난다.

생활 세계에 대한 체계의 지배가 초래하는 중대한 병리와 그에 따른 저항의 가능성은 정치적 정당성의 차원에서 명확히 관찰할 수 있다. 앞서 살펴본 것처럼, 근대 부르주아 사회에서 국가 행정을 담당하는 정치권력은 근원적으로 공론장으로부터 자신의 정당성을 부여받았다. 이미 하버마스는 파슨스가 제시한 사회적 질서와 통합에 관여하는 네 개의 매체를 논하면서 화폐와 권력의 차이를 명백히 했다는 사실을 상기할 필요가 있다. 권력은 지배와 종속이라는 불평등한 관계에서 성립하는 매체이기 때문에 정당성이 요구되지만 그 정당성은 단순히 기능적 효율성만으로 확보되지 않는다. 그 정당성의 이상을 하버마스는 근대 부르주아 사회에서 공중들이 정치적 의사소통을 통해 권력에게 규범적 정당성을 부여해 온 양상에서 찾고 있다. 하지만 그러한 역할을 수행한 정치적 생활 세계로서 공론장이 체계 원리에 종속되면서 이제 정치권력에 대한 정당성은 왜곡된다. 정당성은 "결정의 합법성과 법적 형식을 갖춘 절차의 준수"(하버마스 2권, 502)로 축소되어 버린다. 부르주아 공론장이 발명한 정치적 정당성의 원리, 그러니까 공론장 내 행위자들의 자발적인 의견과 의지 형성 과정을 통해 정치적 정당성을 창출하는 과정이 특정한 전문가적 집단에 의해 일방적으로 적용되고 있고, 정치적 구성원들이 실질적인 상호 작용을 통해 만들어 내는 정당성 절차와 정치적 결정 과정이 분리되어 버린다. 가령, 관료제화된 현대 정당의 의사 결정 구조를 생각해 볼 수 있다. 하지만 그와 같은 정치적 결정 과정에서도 정당성은 요구되는바, 법적 절차의 형식적 외형을 갖춘 정당성으로 대체되곤 한다고 하버마스는 비판하고 있다(하버마스 2권, 504).

체계의 원리로부터 도출되는 형식적이고 절차적인 정당성은 생활 세계를 살아가는 시민들의 정당성 기준에 부합할 수 없다. 그러니까 "시민들의 눈으로 볼 때 규범적으로 정당화될 수 없는 정치적 질서는, 즉 겨우 주관적 신조의 이름으로만 전개될 따름인 정치적 권력 투쟁은 결국 정당성을 결핍하고 있는 것으로 보일 수밖에 없"(하버마스 2권, 502)고, 정당성이 형식적 논리로 축소되는 것에 맞서 정치적 반작용이 형성되는 것이다.

이어서 두 번째 문제를 논의해 보자. 하버마스에 따르면 베버는 근대적 병리 현상들의 등장을 통해 서구 사회의 자유와 의미 상실을 진단했지만, 그에게서 "**도대체** 왜 이런 종류의 병리 현상들이 등장하는지가 설명된 것은 아니"(하버마스 2권, 507. 강조는 원문)다. 다시 말해, 베버는 "왜 경제 행위 체계와 행정 행위 체계의 분화가 근대 사회에서 기능적으로 필수적인 화폐와 권력의 제도화라는 경계를 넘어서까지 나가는지, 왜 이들 하부 체계가 멈출 줄 모르는 고유 역학을 전개하고, 사회 통합에 의존하는 행위 영역들을 체계 논리에 따라 무력화하는지를 설명하지 않았다"(하버마스 2권, 507)는 말이다. 하버마스는 서구 사회에서 무제한적 이윤 추구로 구현되는 합리성이 사회의 전반으로 확산되는 구체적인 동인과 메커니즘을 마르크스 이론이 일정 정도 설명해 준다고 한다. 이 부분에 대한 하버마스의 시각은 이중적인데, 하버마스는 베버가 이야기한 관료제화를 마르크스주의 계급론을 통해 설명할 수 있다고 생각하면서도, 생활세계 영역이 체계의 논리에 포섭되는 과정에 대해서는 정통 마르크스 혁명 이론이 아니라 1960년대 이후 서구 후기 자본주의 사회 분석을 위해 수정된 마르크스주의 관점이 필요하다는 스탠스를 취하고 있다.

자본주의 이전 사회에서 지배계급에 의한 피지배계급의 착취는 정치적 강제력을 통해 이루어졌지만, 자본주의 사회에서 그것은 노동 시장의 메커니즘으로 들어온다. 자본주의 사회는 모든 사물을 상품으로 전환해 매매의 대상으로 만든다. 인간의 노동력도 예외가 아니다. 노동력은 노동 시장에서 일정한 가격으로 자본가에게 판매된다. 그런데 이 과정은 겉으로 볼 때, 매매에 참여하는 사람들의 자유로운 계약에 의해 진행된다는 점에서 자본주의 이전 사회의 강제력과 무관해 보인다. 하지만 본질적으로 자본주의 사회에서 일어나는 노동 착취는 그 자유로운 계약이 일어나는 노동 시장 속에 숨어 있다. 마르크스의 가치 이론은 자유로운 노동 계약 속에 들어 있는 착취의 원리를 폭로하고자 한다. 인류학적 본질로서 노동은 상품화될 수 없는 것이다. 인간이 자신의 고유한 삶을 영위해 가는 데 필수 불가결한 수단이기 때문에 노동은 화폐라는 양화 장치에 의해 교환 가치로 전환될 수 없다. 하버마스의 생활 세계 개념을 사용하자면, 본래 노동은 생활 세계를 재생산하기 위한 실천의 과정이다. 그런데 자본주의 사회는 "매매의 목적으로 생겨난 것도 아니고, 그것의 소유자로부터 분리될 수도 없으며, 오직 그것의 소유자에 의해서만 가동될 수 있는"(하버마스 2권, 517) 노동을 근본적으로 다른 것으로 바꾸어 버린다. 이제 노동은 사용 가치가 아니라 교환 가치를 지닌 상품으로, 판매되는 순간 노동자의 통제 능력 바깥에 자리하는 소외물로 바뀐다.

상품으로 변질된 노동은 자신의 본래적 기원을 상실한다. 생활 세계 속에서 자신의 삶과 사회적 관계를 유지하고 재생산해 나가는 동력으로 탄생했다는 인류학적 기억이 망각되고 오직 자본주의적 생산 체계를 위한 수단이라는 인식과 실천이 확산한다. 이러한 맥락에서 하버마스는 자본주의 임금 노동관계에 주목한다. 그 속에서 노동자의 노동은 자본주의 기업의 목적과 계획에 부합하도록 설정될 뿐, 노동자의 생활 세계와 무관해진다. 자본주의 노동은 화폐와 상품의 원리로 전환되어, 생활 세계에서 자신의 삶을 영위하기 위한 차원이 망각된다. 하버마스는 그러한 노동을, 마르크스의 용어를 빌려, '추상적 노동'이라고 부르고 있다(하버마스 2권, 518).

노동자는 자기 노동력의 본래성을 망각하고 자본주의 생산 관계를 위해서만 존재하는 것으로 스스로를 생각한다. 그러한 전환 속에서 이제 모든 노동은 자신의 고유한 성격을 상실하고 동일하고 추상적인 것으로 환원되기에 이른다. 자본주의 생산 체계 속에서 운동하는 것으로 노동을 인식하는 태도가 확산되는 과정은 궁극적으로 생활 세계를 지탱하는 힘으로서 노동에 대해서도 언제나 체계의 원리로 해석하는 결과를 초래한다. 하버마스에 따르면, 사람들은 노동을 "목적 합리적 태도로" 인식하며, "서로에 대해 그리고 자기 자신에 대해 객관화하는 태도를 취하고, 사회적 관계와 심리 내적 관계를 도구적 관계로 변형한다."(하버마스 2권, 518) 결국 그것은 "구체적 노동력이 추상적 노동력으로 변모되는 것"으로서, 곧 "공동체적 삶과 각 개인의 고유한 삶이 물화되는 과정을 의미한다."(하버마스 2권, 518-519)

이처럼 하버마스는 규범성과 가치 합리성 위에서 운영되던 서구 자본주의 사회가 이윤 획득이 유일한 목적이 되는 사회로 변질되어 간다는 베버 테제의 구체적 메커니즘을 마르크스의 가치 이론을 통해 설명하고 있다. 하지만 그럼에도 마르크스 이론은 그 설명력에서 약점을 드러내고 있는데 말하자면 "후기 자본주의에 대한 만족할 만한 설명을 할 수 없다"(하버마스 2권, 528)는 것이다. 그러한 문제의식 위에서 하버마스는 마르크스 혁명 이론을 체계와 생활 세계 관점에서 재해석하고 있다. 노동은 하나의 상품으로 전락하고 생활 세계 속 노동마저 왜곡시켜 버렸지만, 종국적으로 그러한 총체적 상품화에 "저항하는 산업프롤레타리아 계급의 힘이 이론적으로 계몽된 전위 세력의 지도 아래, 사회를 혁신할 목적으로 정치권력을 잡으려는 운동"을 전개할 것이라는 낙관적 전망이 자리 잡아 왔다. 그리하여 이 혁명적 운동은 "생산 수단에 대한 사적 소유와 함께 —자본주의 경제가 분화될 때 수단이 된— 매체의 제도적 기초도 파괴하고, 체계로 자립화된 경제의 성장 과정도 다시 생활 세계의 지평 안으로 끌어들일 것이다"(하버마스 2권, 524)라는 진보적 희망이 운동했다. 하지만 서유럽 자본주의의 자기 진화는 사회주의 혁명의 그러한 낙관주의의 토대를 흔들고 있다. 문제는 정통 마르크스주의가 자본주의의 진화를 만들어 내고 있는 정치 사회적 현상들, "국가 개입주의, 대중 민주주의, 복지 국가 현상"에 대해 설득력 있는 설명을 하지 못한다는 데 있다. 정통 마르크스주의 접근법으로는 유럽의 현대 자본주의가 자본과 노동의 갈등을 평화적으로 해결하고, 사회 민주주의 프로그램에 따라 장기적인 성공을 이룩해 낸 현상을 해석하지 못한다는 것이다(하버마스 2권, 529).

정통 마르크스주의는 자본주의의 발달에 따라 계급 양극화와 갈등이 일어나고 종국에는 프롤레타리아가 주도하는 사회주의 혁명이 발발할 것을 예견했지만, 실제로 서유럽 자본주의는 국가 개입주의, 대중 민주주의, 복지 국가를 통해 계급 갈등의 위기를 해결하면서 진화해 나갔다고 하버마스는 말한다. 자본에 대한 국가의 적극적인 개입을 통해 경제 불황이 해소되는 19세기 후반 이래 유럽 자본주의에서 자유방임의 패러다임은 더 이상 유지될 수 없었다. 국가와 자본의 밀접한 결합에 기초하는 자본주의 패러다임이 형성되었고 20세기 중반을 지나면서도 지속되었다. 그것은 곧 국가 행정 체계의 광범위한 확산과 영향력 증대를 의미하며, 하버마스가 말한 체계 원리의 자율성과 지배력 강화를 결과했다. 그런데 경제와 국가 행정의 그와 같은 결합 관계가 형성된다고 하더라도 그 두 영역 사이에는 근본적으로 상이한 정당성 논리가 작동한다. 그것은 하버마스가 파슨스의 체계 요소들을 설명할 때 이미 언급한 것으로, 경제는 물질적 생산과 분배의 효율성을 통해 자신의 정당성을 확보할 수 있지만, 국가와 정치의 정당성은 시민들의 집단적 의지를 통해 만들어진다. 그 점에서 우리는 자본주의와 민주주의 사이의 간극과 긴장을 이야기할 수 있는데, 서유럽의 후기 자본주의는 하버마스가 말하는 대중 민주주의 방식으로 그 문제를 해결하려 한다.

서유럽 근대 민주주의 원리 속에서 국가에 대한 정치적 정당성 문제는 근본적으로 부르주아 공론장이 떠맡아 왔다. 현대 사회에서 그 공론장의 역할을 대신하는 것이 규범과 도덕형성을 향한 의사소통이 기능하는 생활 세계인데, 체계 효율성의 논리가 침투해 있는 생활 세계는 일종의 자기 분열 상황을 맞는다. 말하자면 실제로는 진정한 의미에서의 정당성 산출을 향한 정치적 의사소통이 이루어지지 않고 있음에도 정당과 언론에 의해 여론 정치라는 이름으로 정당성 산출의 메커니즘이 생활 세계 내에서 작동하는 것처럼 보이게 한다. 이러한 맥락에서 하버마스는 "어째서 정치 엘리트들이 공론장에서 자신을 상징적으로 표현하는 방식이 정치 체계 내에서 실제 결정 과정과 상당 부분 분리될 수 있는지가 설명된다"(하버마스 2권, 534)고 말한다. 유럽 후기 자본주의 사회를 떠받치는 또 하나의 주요한 토대는 복지 국가다. 이 복지 제도는 재분배 메커니즘을 통해 자본주의적 효율성이 초래하는 분배의 위기를 해소하거나 완화하는 국가적 개입의 하나다.

생활 세계를 대상으로 하는 이 복지 국가적 개입은 겉으로는 체계에 맞서 생활 세계의 자율성을 보호하는 기능을 수행하는 것 같지만, 본질적으로는 체계 논리를 유지하고 강화하는 과정이다. 그것은 자본주의 체계의 성장과 영향력을 뒷받침하는 제도일 뿐만 아니라 생활 세계에 대한 국가 행정의 광범위한 확산과 영향력 증대를 가져오는 수단이기 때문이다. 궁극적으로 유럽의 후기 자본주의는 경제와 국가 행정의 결탁 위에서 체계 논리가 생활 세계를 지배하는 구조로 귀결되기에 이른다. 하버마스의 용어를 따른다면 이는 "체계 복잡성의 증가"로서, "체계 영역이 팽창하고 내부적으로 정교하고 치밀하게 만들어지는 것"을 의미한다. 체계의 주요한 두 하위 영역인 경제와 행정이 상호 밀접히 교류하는 양상이다. 이러한 내적 교류를 통해 "재화, 자본, 노동 시장의 집중 과정, 기업과 기관의 중앙 집중화, 또 부분적으로 국가 활동의 기능 증가와 팽창"이 일어났다. 체계의 복잡성은 또 하나의 측면을 갖는데, 체계의 하위 영역과 생활 세계의 교환 과정이다. 이때 생활 세계는 자기의 고유성을 상실하고 대중 소비를 위한 사적인 공간, 관료 행정이 관리하고 보호해야 하는 수혜의 장소로 전환된다(하버마스 2권, 540).

자본주의의 위기는 사회주의 혁명으로 이어지지 않았고, 도리어 생활 세계의 일상에서 총체적인 물화, 또는 대상화를 통해 안정적 국면으로의 이행을 더 강화해 나갔다. 그 물화와 대상화는 특정 계급에 국한된 것이 아니다. 그 점에서 유럽의 후기 자본주의가 제기하는 근본적 과제는 "합리화된 문화가 생생한 전승에 의지하는 일상 의사소통과 재결합될 수 있는 조건을 탐구하는"(하버마스 2권, 547) 일이 된다. "자립화된 하부 체계들의 명령"이 "식민지 지배자가 부족사회에 들어가듯이, **외부로부터** 생활 세계에 침투해 동화를 강요하는"(하버마스 2권, 546. 강조는 원문) 상황에 맞설 수 있는 합리적 의사소통의 가능성을 다시 만들어 내야 한다.

하버마스는 체계가 생활 세계로 침투해 들어가는 후기 자본주의적 상황을 서구 근대 국가 성격의 변화 속에서 나타나는 법률, 특히 가족과 교육 관련 법률의 법제화 양상으로 관찰한다. 이때 하버마스가 말하는 법제화는 "근대 사회에서 목격되는 성문법의 증가 경향(하버마스 2권, 548)으로 정의된다. 하버마스는 절대주의 국가, 부르주아 국가, 부르주아 법치 국가, 민주적 법치 국가, 민주적 복지 국가로의 역사적 이행 속에서 그 변화상을 추적하고 있다. 그러니까 그는 "이 네 가지 전반적인 법제화 진전 단계를 체계와 생활 세계의 분리, 그리고 생활 세계가 자립화된 하부 체계들의 고유 역학과 빚는 갈등"(하버마스 2권, 549)의 관점에서 해석해 내려 한다.

절대주의 국가로부터 부르주아 국가로의 이행에서 주목할 만한 법제화는 부르주아 계급의 경제 행위를 보장하는 사법적 질서의 형성과 강제력의 독점체로서 국가 권력을 정당화하는 공법적 질서의 형성이다. 하버마스는 홉스의 '리바이어던'으로 불리는 정치 사회 모델에서 시장과 절대주의 지배의 공존으로 그려지는 그러한 부르주아 국가의 원형을 본다. 이후 법치 국가를 향한 새로운 차원의 법제화가 진행되는데, 국가 권력에 대한 헌법적 규제를 말한다. 이제 국가 권력은 사적인 존재들이 살아가는 영역에 자의적으로 침범해서는 안 된다는, 그러니까 "법에 반해서, 법을 벗어나서, 법을 넘어서"(하버마스 2권, 553) 하는 간섭은 가능하지 않다는 법치주의가 형성되는 것이다. 여기서 국가 권력의 정당성은 사적 영역으로부터 발생한다는 이념이 형성되면서 국가 권력과 사적 영역의 정치적 관계가 역전된다. 그런데 이 법치 국가에서 사적 존재들은 법치의 이름으로 자신들의 사적 삶과 자유를 보장받았지만, 그렇다고 해서 국가 권력의 생성 과정에 참여할 권리를 부여받지는 못했다. 시민 혁명을 거친 서구 사회에서 국가 권력의 정당성은 선거와 같이 시민들의 정치 참여를 보장하는 제도적 형식을 따르게 되면서 민주적 법치 국가가 구축되고, 이 단계에 이르러 사적인 영역에 의한 국가 권력의 정당화 과정이 완성된다.

주지하는 것처럼, 서구는 자본과 노동 간의 계급 대립을 겪으면서 그 갈등에 대한 법적 규제로 구현되는 민주적 복지 국가로 나아간다. 본질적으로 그 이전의 국가까지가 부르주아 계급의 배타적 이해관계 보장 형식이라고 한다면, 이 민주적 복지 국가는 계급 갈등의 해결과 안정적 관리라는 새로운 차원에 연결되어 있다. 그러한 특성 속에서 하버마스는 민주적 복지 국가에서 "자유 보장과 자유 박탈의 양가성"(하버마스 2권, 555)을 관찰한다. 이 복지 국가의 여러 보장 장치를 통해 사적, 공적 삶의 자유를 위한 물적 토대가 명백히 확보되지만 그와 동시에 자유 박탈의 위험도 내재해 있다는 말이다. 가령 촘촘히 짜인 복지 관련된 법과 제도는 생활 세계가 관료제적 원리와 금전적 보상 원리를 따라 구축되게 한다. 이러한 문제와 관련해 하버마스는 "조처가 필요한 상황은 특정한 삶의 역사와 어떤 구체적 생활 형식의 맥락에 착상되어 있는 것인데, 어떤 폭력적인 추상화를 당할 수밖에 없다. 이것은 그 상황이 법 아래 포섭되어야 하기 때문만이 아니라 행정적으로 처리될 수 있기 위해서이기도 하다"(하버마스 2권, 557)라고 이야기한다. 복지 국가가 생활 세계를 법과 제도로 조밀하게 관리해 감에 따라, 그 속의 구성원들은 행정 체계의 대상으로 전환된다. 하버마스가 "법제화 유형의 딜레마"로 명명한 이러한 변화는 매우 심각한 부정적 결과를 야기한다. 하버마스는 그것을 "법제화 유형의 딜레마 구조"로 이야기하고 있다. 왜 딜레마인가? 복지 국가의 보장책들은 본래 사회적 통합을 위한 것이었는데, 그 과정에서 생활 세계의 토대가 빠르게 해체되기 때문이다. 복지 국가의 법률적 개입을 통해 생활 세계 내 구성원들이 자율적으로 관계 맺고 도덕과 규범을 창출하는 과정이 붕괴되고 구성원들이 권력과 화폐라는 체계의 논리로 포섭되어 사고하고 행동하게 된다는 말이다(하버마스 2권, 559).

생활 세계 내 구성원들이 복지 수혜에 관한 법률과 제도의 대상자로 간주되고 법제적 효율성에 의해 관리됨으로써 그들은 상호 이해를 통해 자신들의 자율적 규범과 가치를 만들어 가는 주체의 위상을 상실하게 된다. 그것은 곧 생활 세계가 체계에 종속되는 것을 의미한다. 여기서 법률과 제도는 생활 세계를 효과적이고 효율적으로 관리하기 위한 도구로서의 위상만을 갖는다. 말하자면 복지 관련 법제는 생활 세계의 계급 대립과 갈등의 가능성을 효과적으로 해결하는 것에 비례해서 자신의 정당성을 갖추게 되는데, 그 법제의 정당성은 생활 세계 구성원들의 집단적 의지와는 무관해진다. 여기서 하버마스는 근대 민주주의의 법률과 제도는 시민적 주체들의 정치적 의지의 반영이라는 규범적 정당화 원칙 위에서 자신의 실증적 정당화 기능을 갖추어 왔다 ―그 점에서 근대 법제는 체계와 생활 세계를 연결하는 매개라고 볼 수 있다― 고 말하면서 그것에 비추어 복지 국가에서의 법제는 그 실증성과 규범적 정당성의 유기적 연결 관계를 상실해 가는 것으로 진단한다. 이제 법률과 제도의 정당성은, 생활 세계에서 유래하는 윤리와 규범적 맥락과 무관하게 오직 체계의 논리에 입각해 질서와 통합의 효율성 차원으로만 이해되어 민주주의의 원리를 벗어난다. 그것은 결과적으로 생활 세계 구성원들의 상호 이해와 소통을 위한 집단적 토대를 약화한다.

학교와 가족에 관한 법률들이 예증하고 있는 것처럼, 현대 사회에서 법률과 제도는 생활 세계의 가장 핵심적인 영역들을 통제하고 관리함으로써 자신의 기능적 효율성을 실현하고 있지만 바로 그 넓고 깊은 효율성은 가족과 학교가 주체적 의사소통을 통해 사회적 도덕과 규범과 가치 형성의 과정을 수행할 가능성을 차단해 버린다. 그와 같은 법률의 개입은 가족과 학교 구성원들이 자신들의 문제를 의사소통 과정을 통해 주체적이고 자율적으로 접근하고 풀어 가는 것을 어렵게 한다. 그들은 법을 매개로 서로를 자신의 목적 달성을 위한 대상으로 인식한다. "의사소통 행위를 통해 진행되는 가족과 학교에서의 교육 과정은 법적 규제와 상관없이 기능할 수 있어야" 한다는 명제가 점점 더 설득력을 상실하게 된다고 하버마스는 말한다 (하버마스 2권, 566). 가족과 학교와 같은, 생활 세계의 대표적 장소들에서 발생하는 문제들과 관련해 구성원들의 의사소통을 통한 논의와 합의의 과정이 사라지고 법률과 제도를 통한 신속하고 객관적인 해결을 향해 나아가는 현상은 생활 세계의 고유 원리를 무너뜨리게 된다는 점에서 결코 긍정적이지 않다. 왜냐하면, 그러한 경향성이야말로 규범과 윤리적 정당성 위에 서는 공동체의 토대를 위협하기 때문이다. 하버마스가 말하는 것처럼, 오늘날 학교의 결정 과정을 행정법적, 관료제적 원리에서 벗어나 구성원들 간의 민주적 의사소통 원리로 전환해야 한다는 요구가 관철되기 어렵다는 점은 그 같은 위협이 결코 과장되거나 비현실적이지 않음을 말해 준다.

현대 서구 사회가 행정 효율성과 경제적 생산성을 본질로 하는 체계 원리를 확장하고 강화해 가면서, 사회적 규범과 도덕의 형성과 전승을 위한 윤리적 인간관계와 의사소통의 공간인 생활 세계가 체계적 기능성과 효율성의 공간으로 변질되어 가는 것, 바로 그것이 현대 서구 사회가 마주하고 있는 민주주의 위기의 본질이라고 하버마스는 말한다.

그렇다면 이러한 위기를 어떻게 해결할 것인가? 하버마스는 이 물음에 대한 답을 찾는 노력이 비판 이론의 과제라고 선언한다. 하버마스는 프랑크푸르트 1세대의 비판 이론과, 의사소통 행위 이론으로 명명되는 자신의 비판 이론을 구분하는 데서 논의를 시작한다. 호르크하이머와 아도르노가 『계몽의 변증법』 등에서 제시한 비판 이론은 지나치게 사변적이어서 경험적 논의의 가능성을 차단해 버리고, 이미 우울한 전망에 갇힌 역사 철학적 확정 구조로 인해 새로운 가능성을 봉쇄해 버리고 있다. 이 비판 이론은 "후기 자유주의 사회의 문화가 자율성을 상실하고 대중문화의 탈숭고화된 형식들을 통해서 경제적, 행정적 체계의 기구에 병합된다는 가정을 강화"하고, "생산력의 발달은, 심지어 비판적 사고 자신도, 점점 그것의 반대편에 동화되는 쪽으로 간다"는 우울한 전망을 지니고 있으며, "총체성으로 확장된 도구적 이성만이 구현되고, 존재하는 모든 것은 실제 추상으로 변"하는 사회를 예견한다. 결국, "이렇게 추상화에 걸려들고 왜곡되는 것들에 대해 우리가 경험적으로 접근하는 것은 불가능하다"는 것인데, "비판 이론은 그것의 규범적 기초를 겨우 역사 철학적으로만 확인할 수 있었던 것이다. 그러나 이런 토대는 경험적 연구 프로그램을 뒷받침할 수 없다"(하버마스 2권, 585)고 하버마스는 해석하고 있다.

이제 그 반대편에서, 1세대 비판 이론이 바라보지 못한 서구 근대 이성의 해방적 측면을 재구성하는 의사소통 이론을 통해 하버마스는 문제 해결의 새로운 관점과 경험적 지점들을 제시한다. 첫째, 생활 세계가 체계의 논리에 의해 식민지화되는 것이 후기 자본주의 위기의 본질이지만 체계는 생활 세계로부터의 정당성 기반 없이는 지속할 수 없는데, 그 점에서 생활 세계는 쉽게 체계로 흡수될 수 없는 정치적 토대로 존재한다. 의사소통 행위 이론은 생활 세계의 그러한 정치적 견고함에 주목한다. 둘째, 체계의 생활 세계 침투로 인해 가족 관계상의 난맥상이 초래되는데, 그 대표적인 것이 청소년들의 저항과 이탈이다. 의사소통 행위 이론은 상호 주관성과 상호 이해의 접근법으로 이 문제를 새롭게 풀어 갈 가능성을 제시한다. 셋째, 후기 자본주의 사회에서 미디어는 공론장의 정치적 역할로부터 멀어졌다고 진단되지만, 의사소통 행위 이론은 경험적으로 관찰할 때 미디어가 공론장과 민주주의의 잠재력을 지니고 있다는 사실에 주목한다. 넷째, 의사소통 행위 이론은 복지 국가에서 드러나고 있는 새로운 사회적 요구와 운동의 등장에 초점을 맞추려 한다. 그 새로움은 "제도화된 분배 갈등의 유형으로부터 여러모로 벗어나 있는" 그러니까 "오히려 문화적 재생산, 사회 통합, 그리고 사회화의 영역에서 생겨나는" 양상이다. 그 새로운 요구와 운동은 과거와는 전혀 다른 지점에서 발생하고 전개되고 있는데, "위협에 처한 삶의 방식의 방어와 복구, 또는 개혁된 삶의 방식의 관철"이다. 요약하자면 "새로운 갈등들은 분배의 문제에서가 아니라 생활 형식의 문법 문제에서 불붙는다."(하버마스 2권, 601) 하버마스는 "이윤에 종속된 작업 노동의 도구화, 시장에 의존하는 노동력 동원 방식, 경쟁과 성취 압박이 초등학교에까지 연장되는 것에 반대"하는, "서비스, 인간관계, 시간이 금전화되는 것에 대한 반대"하는, "사적 생활 영역과 개인적 삶의 양식이 소비주의적으로 재정의되는 것에 반대"(하버마스 2권, 606)하는 움직임에 주목한다.

이를 독일적 상황에 비추어 하버마스는 "반핵 운동, 생태 운동, 평화 운동, 시민 주도 운동, 대안 운동, 소수자 운동, 종교적 근본주의, 납세 저항 운동, 학부모 단체의 항의 운동, 근대주의적 개혁에 대한 저항 운동, 여성 운동 등"(하버마스 2권, 603)을 구체적 모습으로 바라보고 있다. 이러한 운동들은 체계의 생활 세계 식민지화에 대한 저항의 양식이다. 그것은 체계 효율성에 맞서서 생활 세계 내에서 새로운 형식의 관계와 가치를 회복하려는 운동이다.

참고문헌

고프먼, 어빙. 진수미 옮김(2013). 『상호작용 의례: 대면 행동에 관한 에세이』. 아카넷.

굴드너, 앨빈 W. 김쾌상 옮김(1982). 『현대사회학의 위기』. 한길사.

김유동(1993). 『아도르노 사상』. 문예출판사.

김재현(1996). "하버마스 사상의 형성과 발전". 김재현 외. 『하버마스의 사상: 주요 주제와 쟁점들』. 나남.

뒤르케임, 에밀. 노치준·민혜숙 옮김(1992). 『종교 생활의 원초적 형태』. 민영사.

_____. 민문홍 옮김(2012). 『사회분업론』. 아카넷.

로크, 존. 강정인·문지영 옮김(1996). 『통치론』. 까치.

루카치, 게오르크. 박정호·조만영 옮김(1999). 『역사와 계급의식』. 거름.

마르쿠제, H. 박병진 옮김(2009). 『일차원적 인간』. 한마음사.

미드, 조지 허버트. 나은영 옮김(2010). 『정신·자아·사회』. 한길사.

베버, 막스. 박성환 옮김(1997). 『경제와 사회 1』. 문학과지성사.

_____. 박문재 옮김(2019). 『프로테스탄트 윤리와 자본주의 정신』. 현

대지성.

_____. 이상률 옮김(2020). 『관료제』. 문예출판사.

브랜트, 애리. 김원식 옮김(2000). 『이성의 힘』. 동과서.

스미스, 애덤. 박세일·민경국 옮김(2009). 『도덕감정론』. 비봉출판사.

아도르노, 테오도르. 홍승용 옮김(1999). 『부정변증법』. 한길사.

아우드웨이트, W. 문학과 사회연구소 옮김(1984). 『이해사회학서설』. 청하.

오스틴, J. L. 김영진 옮김(1992). 『말과 행위』. 서광사.

이윤희(2007). "파슨스 이론의 사회 평형(Social Equilibrium)개념에 대한 재조명". 『담론201』 10(4).

차인석(1992). 『사회인식론』. 민음사.

카치아피카스, 조지. 이재원 옮김(2009). 『신좌파의 상상력: 전 세계적 차원에서 본 1968년』. 난장.

콩도르세, 마르퀴 드. 장세룡 옮김(2002). 『인간 정신의 진보에 관한 역사적 개요』. 책세상.

클라스트르, 피에르. 홍성흡 옮김(2005). 『국가에 대항하는 사회: 정치인류학 논고』. 이학사.

파아슨즈, 탈코트. 이종수 옮김(1989). 『사회의 유형』. 기린원.

풋지, 잔프랑코. 박상섭 옮김(1995). 『근대국가의 발전』. 민음사.

피어슨, 크리스토퍼. 박형신 옮김(1998). 『근대국가의 이해』. 일신사.

하버마스, 위르겐. 이진우 옮김(1994). 『현대성의 철학적 담론』. 문예출판사.

_____. 한승완 옮김(2004). 『공론장의 구조변동: 부르주아 사회의 한 범주에 관한 연구』. 나남.

_____. 장춘익 옮김(2011[2006]). 『의사소통행위이론 1: 행위합리성과 사회합리화』. 나남.

_____. 장춘익 옮김(2013[2006]). 『의사소통행위이론 2: 기능주의적 이성 비판을 위하여』. 나남.

_____. 한상진·박영도 옮김(2007). 『사실성과 타당성』. 나남.

호르크하이머, 막스. 박구용 옮김(2006). 『도구적 이성 비판』. 문예출판사.

호르크하이머, M. · Th.W. 아도르노. 김유동 옮김(2001). 『계몽의 변증법』. 문학과지성사.

후설, 에드문트. 이종훈 옮김(2016). 『유럽학문의 위기와 선험적 현상학』. 한길사.

후설, 에드문트·오이겐 핑크. 이종훈 옮김(2016). 『데카르트적 성찰』. 한길사.

Parsons, Talcott(1967). *The Structure of Social Action, Vol. 1: Marshall, Pareto, Durkheim*. New York: Free Press.

_____(1967). *The Structure of Social Action, Vol. 2: Weber*. New York: Free Press.

_____(1977). *Social systems and the Evolution of Action Theory*. New

York: Free Press.

Habermas, Jürgen(1980). "Modernty, an incomplete project." http://course. sdu.edu.cn/G2S/eWebEditor/uploadfile/20140304193156005.pdf.

_____. Thomas McCarthy(tr.)(1988). *Legitimation Crisis*. Cambridge: Polity Press.

_____. Christian Bouchindhomme · Rainer Rochlitz(tr.)(1997). *Droit et Morale: Tanner Letcures(1986)*. Paris: Seuil.

Weber, Max(1964). *Wirtschaft und Gesellschaft*. Köln: Kiepenheuer & Witsch.

[세창명저산책]

세창명저산책은 현대 지성과 사상을 형성한 명저를 우리 지식인들의 손으로 풀어 쓴 해설서입니다.

· 세창명저산책은 계속 이어집니다.